JN071316

令和5年1月～3月　第130集

裁決事例集

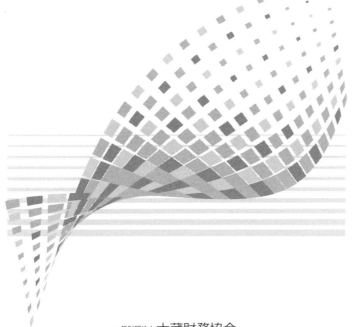

一般財団法人 大蔵財務協会

は　じ　め　に

　現在、国税不服審判所における審査請求事件の裁決については、法令の解釈、運用上先例となり、他の参考となる重要な判断を含んだもの、また、事実認定に関し他の参考となる判断を含んだもの等が公表されています。

　本書は、国税不服審判所より公表された裁決を、多くの税理士、公認会計士、弁護士、行政法学者等の方々の便に資するため四半期ごとに取りまとめて「裁決事例集」として発行しているものです。

　今版は、「裁決事例集（第130集）」として、令和5年1月から令和5年3月分までの間に公表された裁決を収録しておりますが、今後公表される裁決についても逐次刊行していく予定です。

　本書が、日頃の税務上の取扱いの判断の参考となり税務事務の一助となれば幸いです。

　なお、収録されている裁決が、その後の国税に関する処分の取消訴訟において、その処分の全部又は一部が取り消されている場合がありますので、本書のご利用に際してはご注意ください。

令和5年11月

五　たばこ税法関係

（たばこ税　郵便物の輸入に係るたばこ税）

一　国税通則法関係

〈令和5年1月～3月分〉

事例1（送達の方法　郵便による送達）

> 　特定記録郵便により発送された処分に係る通知書は、配達完了の記録がされた日に納税者がその通知書を了知し得る客観的状態になり、送達されたものとなるとした事例（令和元年分の所得税及び復興特別所得税の更正処分並びに過少申告加算税の賦課決定処分・却下・令和5年2月22日裁決）
>
> 《ポイント》
> 　本事例は、処分に係る通知書が特定記録郵便により発送された場合には、その通知書は、その配達が完了した旨が記録された日に請求人の支配下に入ってその内容を了知し得る状態に置かれたものと評価でき、同日に送達されたと認められるとしたものである。

《要旨》

　請求人は、原処分に係る通知書（本件通知書）を受け取った日からすれば、本審査請求は、不服申立てをすることができる期間内にされたものである旨主張する。

　しかしながら、本件通知書は、特定記録郵便により請求人の住所に発送されているところ、本件通知書が返戻された事実はなく、当審判所の調査の結果によっても本件通知書が誤配達されたこと等をうかがわせる証拠は見当たらないことからすると、その配達が完了した旨が記録された日に送達を受けるべき請求人の住所に設置された郵便受箱に配達されたと認められ、同日に請求人の支配下に入ってその内容を了知し得る状態に置かれたものと評価できるから、本件通知書は、同日に請求人に送達されたと認められる。そうすると、本審査請求は、本件通知書が送達された日の翌日から起算して3月を経過した後にされたものであり、また、請求人が法定の不服申立期間内に本審査請求をしなかったことについて、国税通則法第77条《不服申立期間》第1項ただし書に規定する正当な理由があるといえる事情は認められないから、本審査請求は、不服申立てをすることができる期間を経過した後にされた不適法なものである。

《参照条文等》

　国税通則法第12条第1項、第77条第1項

《参考判決・裁決》

最高裁昭和52年 2 月17日第一小法廷判決（民集31巻 1 号50頁）

最高裁昭和55年 1 月11日第三小法廷判決（税資110号 1 頁）

最高裁平成 3 年12月12日第一小法廷判決（税資187号334頁）

（令和 5 年 2 月22日裁決）

《裁決書（抄）》

(1)　本件は、原処分庁が、審査請求人（以下「請求人」という。）の令和元年分の所得税及び復興特別所得税（以下「所得税等」という。）について、住宅借入金等特別税額控除額を控除できないとして、令和 3 年10月29日付で更正処分等を行ったのに対し、請求人が、令和 4 年 3 月 8 日に、原処分の全部の取消しを求めて審査請求をした事案である。

(2)　請求人は、原処分に係る通知書（以下「本件通知書」という。）を受け取ったのは令和 4 年 2 月28日であるから、本審査請求は、不服申立てをすることができる期間内にされたものである旨主張するのに対し、原処分庁は、本件通知書は令和 3 年11月 1 日に請求人の住所に送達があったことから、本審査請求は、国税通則法（以下「通則法」という。）第77条《不服申立期間》第 1 項に規定する不服申立期間の経過後にされた不適法な審査請求である旨主張する。

(3)　通則法第12条《書類の送達》第 1 項は、国税に関する法律の規定に基づいて税務署長が発する書類は、郵便等による送達又は交付送達により、その送達を受けるべき者の住所又は居所に送達する旨規定している。

　　また、通則法第75条《国税に関する処分についての不服申立て》第 1 項本文及び同項第 1 号ロは、国税に関する法律に基づく処分で、税務署長がした処分に不服がある者は、その選択により、国税不服審判所長に対する審査請求をすることができる旨、同法第77条第 1 項本文は、不服申立ては、処分に係る通知を受けた日の翌日から起算して 3 月を経過したときはすることができない旨及び同項ただし書は、正当な理由があるときは、この限りでない旨、それぞれ規定している。

(4)　書類の送達については、その送達を受けるべき者が必ずしも現実にその書類を受領し了知することを要するものではなく、その書類が社会通念上送達を受けるべき者の支配下に入ってその内容を了知し得る状態に置かれれば足りるものと解されている。

　　これを本件についてみると、原処分関係資料及び当審判所の調査の結果によれば、原処分庁は、令和 3 年 9 月29日、同日付でした請求人の令和元年分の所得税等の更正処分及び過少申告加算税の賦課決定処分に係る通知書を簡易書留郵便により請求人の住所（ b 市 d 町〇－〇）へ発送したものの、同年10月11日、受取人不在による保管期間満了を理由に返戻されたことから、改めて同月29日付で原処分を行い、本件通知書

を特定記録郵便により請求人の住所へ発送したと認められる。

　ここにいう特定記録郵便とは、日本郵便株式会社が提供する郵便サービスの一つであり、同社は差し出された郵便物の引受けを記録し、その引受けの記録として差出人に受領証を交付するほか、当該郵便物は受取人の郵便受箱に配達され、差出人がその配達状況をインターネット上で確認できるというものである。そして、本件通知書は、D郵便局において、令和3年10月29日に特定記録郵便として引き受けられ、同年11月1日午前11時56分に配達が完了した旨記録されているところ、本件通知書が返戻された事実はなく、当審判所の調査の結果によっても、本件通知書が誤配達された又は上記の記録よりも遅れて配達されたことをうかがわせる証拠は見当たらない。そうすると、本件通知書は、令和3年11月1日午前11時56分に、請求人の住所に設置された郵便受箱に配達されたと認められ、請求人の支配下に入ってその内容を了知し得る状態に置かれたものと評価できることから、本件通知書は、令和3年11月1日に請求人に送達されたと認められる。

(5)　以上によれば、本審査請求は、本件通知書が送達された令和3年11月1日の翌日から起算して3月を経過した後である令和4年3月8日にされたものであり、また、請求人が法定の不服申立期間内に本審査請求をしなかったことについて、通則法第77条第1項ただし書に規定する正当な理由があるといえる事情は認められない。

(6)　したがって、本審査請求は、不服申立てをすることができる期間を経過した後にされた不適法なものである。

事例2　（重加算税　隠ぺい、仮装の認定　認めた事例）

　　請求人が不動産の売買取引及び不動産の売買の仲介取引に関し、各取引の存在を把握し当該所得金額等も含め申告すべきことを認識しながら、これを申告しないことを意図し、これらを除外した収支内訳書の下書を作成して、それを提示して税務相談し、その結果に基づき確定申告をしたことなどから、隠蔽又は仮装が認められるとした事例（平成29年分から令和2年分の所得税及び復興特別所得税に係る重加算税の各賦課決定処分、平成29年1月1日から令和2年12月31日までの各課税期間の消費税及び地方消費税に係る重加算税の各賦課決定処分・棄却・令和5年2月8日裁決）

《ポイント》

　　本事例は、請求人が、一部の取引に係る所得金額等を申告すべきことを認識しながら、意図的にこれを除外した収支内訳書の下書を作成して税務相談し、その結果に基づき確定申告をしたことなどの諸事情から、国税通則法第68条第1項及び第2項に規定の事実の隠蔽又は仮装が認められるとして、同条該当性を認めたものである。

《要旨》

　　請求人は、主たる業務である不動産賃貸の仲介の収支を管理する業績管理表実績と題する表（本件業績管理表）は、請求人の事業全部に係る帳簿書類ではないことから、同表に不動産の売買取引（本件売買取引）及び不動産の売買仲介取引（本件売買仲介取引）に関する記載がないとしても内容虚偽の帳簿書類の作成に当たらず、これらの取引の申告をしないことを意図したものではないから、国税通則法（通則法）第68条《重加算税》第1項及び第2項に規定する事実の隠蔽又は仮装に当たらない旨、また、これらの取引の申告をしない意図をうかがい得る特段の行動もしていない旨主張する。

　　しかしながら、本件売買取引に関しては、請求人は、同取引の帳簿書類たる売買計算表を作成して利益を把握しており、同表により算出した本件各売買取引に係る所得金額等も含めて申告すべきであると知りながら、これを申告しないことを意図して、本件業績管理表のみに基づいて、本件売買取引に係る収入金額等を除外した内容虚偽の収支内訳書の下書を作成し、税務署での申告相談に、本件売買取引に係る書類を一切持参せず、対応した職員に同下書を提示して相談した上で、その結果に基づいて、所得金額等を意

図的に過少に記載して確定申告をしたと認められるから、通則法第68条各項に規定する隠蔽又は仮装が認められる。また、本件売買仲介取引に関しては、請求人は、仲介手数料収入についての申告の必要性を認識していたと推認できること、本件売買仲介取引に関する収支の記録が存在しないのは、本件売買仲介取引に係る所得金額等を申告する意図がなかったことに起因すると認められること、前記申告相談の際に、対応した職員に対し、本件売買仲介取引に係る所得について何も明らかにしていないこと、調査の当初の言動は、本件売買仲介取引を隠蔽する意図に基づくものと推認できることからすると、当初から申告しないことを意図し、その意図を外部からもうかがい得る特段の行動があったと認められ、同各項に規定する隠蔽又は仮装が認められる。

《参照条文等》

　国税通則法第68条第1項及び第2項

《参考判決・裁決》

　最高裁平成7年4月28日第二小法廷判決（民集49巻4号1193頁）

（令和5年2月8日裁決）

《裁決書（抄）》

1 事　実

(1) 事案の概要

　　本件は、主に不動産賃貸物件の仲介業務を行っていた審査請求人（以下「請求人」という。）が、不動産の売買取引及び不動産の売買の仲介取引に係る収入金額等を申告しなかったところ、原処分庁が、不動産の売買取引及び不動産の売買の仲介取引についての事実の隠蔽仮装が認められるとして、重加算税の賦課決定処分を行ったことから、請求人が、事実の隠蔽仮装はないとして、原処分のうち過少申告加算税又は無申告加算税相当額を超える部分の取消しを求めた事案である。

(2) 関係法令

　　関係法令は、別紙のとおりである。なお、別紙で定義した略語については、以下、本文でも使用する。

(3) 基礎事実

　　当審判所の調査及び審理の結果によれば、以下の事実が認められる。

　　なお、以下では、所得税及び復興特別所得税を併せて「所得税等」といい、所得税等に係る原処分がされた各年分を併せて「本件各年分」といい、本件各年分の所得税等を「本件各所得税等」という。また、消費税及び地方消費税を併せて「消費税等」といい、その課税期間はその暦年をもって表記する（例えば、平成29年1月1日から同年12月31日までの課税期間を「平成29年課税期間」という。）。平成29年課税期間、平成30年課税期間及び令和2年課税期間の各課税期間の消費税等を「本件各消費税等」という。

イ　請求人について

　　請求人は、遅くとも平成22年10月1日から、Fの屋号で宅地建物取引業者として、不動産賃貸物件の仲介、広告、リフォーム及び管理等の事業（以下「不動産賃貸仲介等」という。）を営む個人である。

　　不動産賃貸仲介等に関する損益は、請求人が「業績管理表実績」と題する表（以下「本件業績管理表」という。）に各月及び各年分の売上高、売上原価及び販売管理費等の必要経費の金額を入力し、これを集計して管理していた。

ロ　本件各年分の請求人の収入について

— 9 —

(ｲ)　請求人は、平成29年において、不動産賃貸仲介等による収入を得ていた。

　　　また、請求人がGから不動産の売買の仲介手数料615,600円を領収した旨の請求人名義の平成29年7月19日付の領収書（以下「本件領収書」という。）が存在する（以下、当該仲介手数料に係る不動産の売買の仲介を「平成29年売買仲介取引」という。なお、平成29年売買仲介取引の存否については当事者間に争いがある。）。平成29年売買仲介取引に係る売上高、売上原価及び販売管理費等の必要経費の金額は、本件業績管理表に入力されていた売上高、売上原価及び販売管理費等の必要経費の金額に含まれていなかった。

(ﾛ)　請求人は、平成30年において、不動産賃貸仲介等による収入を得ていた。

　　　また、請求人は、HとJの間の不動産の売買の仲介取引を行い（以下「平成30年売買仲介取引」といい、平成29年売買仲介取引と併せて「本件各売買仲介取引」という。）、平成30年8月2日、HとJのそれぞれから平成30年売買仲介取引に係る仲介手数料を得た。平成30年売買仲介取引に係る売上高、売上原価及び販売管理費等の必要経費の金額は、本件業績管理表に入力されていた売上高、売上原価及び販売管理費等の必要経費の金額に含まれていなかった。

(ﾊ)　請求人は、令和元年及び令和2年において、不動産賃貸仲介等による収入を得ていた。

　　　また、請求人は、令和元年8月以降、Hの助言を受けて不動産売買取引（以下「本件各売買取引」という。）を行うようになった。本件各売買取引に係る売上高、売上原価その他の諸費用の金額は、本件業績管理表に入力されていた売上高、売上原価及び販売管理費等の金額に含まれていなかった。請求人は、請求人が売却した不動産については、その売却の都度、売却物件ごとに売上高、売上原価、その他の諸費用及び利益を集計した表（以下「本件売買計算表」という。）を作成していた。

(4)　審査請求に至る経緯

　ｲ　原処分庁所属の調査担当職員（以下「調査担当職員」という。）は、令和3年10月1日、請求人に対し、平成30年分から令和2年分までの所得税等及び平成30年課税期間から令和2年課税期間までの消費税等を対象として同月13日に請求人の事業所において実地の調査を行う旨を通知し、同日、請求人に対する実地の調査を開始した（以下、請求人に対する一連の調査を「本件調査」という。）。

調査担当職員は、令和3年10月15日、請求人に対し、平成29年分の所得税等及び平成29年課税期間の消費税等を調査対象期間に加える旨を通知した。

　請求人は、本件調査が開始されたことを受け、K税理士を令和2年分以前の所得税等及び令和2年課税期間以前の消費税等の税務代理人に選任し、令和3年10月18日、原処分庁に対して、その旨の税務代理権限証書を提出した。

ロ　本件調査に係る事前通知がされるまでの請求人の本件各所得税等及び本件各消費税等を含む平成29年課税期間から令和2年課税期間までの各消費税等の確定申告の状況については、以下のとおりであった。

　㈠　本件各所得税等について

　　A　請求人は、原処分庁に対し、別表1の「確定申告」欄の各「年月日」欄記載の年月日に、それぞれ同表の「確定申告」欄のとおり記載した本件各所得税等の各確定申告書を提出した。

　　　　令和元年分の所得税等の確定申告書は、通則法第11条《災害等による期限の延長》及び国税通則法施行令第3条《災害等による期限の延長》第3項に基づく新型コロナウイルスに係る個別指定による申告期限延長の適用を受けた期限内申告書であったが、それ以外の各年分の所得税等の確定申告書は法定申告期限の経過後に提出された期限後申告書であった。

　　B　本件各所得税等の各確定申告は、本件業績管理表に基づいて行われたものであり、本件各所得税等に係る総所得金額の計算上、本件各売買取引や本件各売買仲介取引に係る収入金額、売上原価及びその他の諸費用の額は含まれていなかった。

　㈡　平成29年課税期間から令和2年課税期間までの消費税等について

　　A　請求人は、原処分庁に対し、別表2の「確定申告」欄の各「年月日」欄記載の年月日に、「平成29年課税期間」欄から「令和元年課税期間」欄までの各「確定申告」欄のとおり記載した消費税等の各確定申告書を提出した。

　　　　令和元年課税期間の消費税等の確定申告書は、上記㈠のA記載の令和元年分の所得税等の確定申告書と同様に申告期限延長の適用を受けた期限内申告書であったが、それ以外の各課税期間の消費税等の確定申告書は法定申告期限の経過後に提出された期限後申告書であった。

　　　　請求人は、本件調査に係る事前通知が請求人に対してされた令和3年10月

— 11 —

１日までに令和２年課税期間に係る消費税等の確定申告書を提出しなかった。

B　平成29年課税期間及び平成30年課税期間の消費税等の各確定申告は、本件業績管理表に基づいて行われたものであり、課税資産の譲渡等の対価の額や課税仕入れ等の税額の計算上、本件各売買仲介取引に係る収入金額、売上原価及びその他の諸費用の額は含まれていなかった。

C　原処分庁は、請求人に対し、平成30年８月31日付で別表２の「確定申告」欄の「平成29年課税期間」欄の「無申告加算税の額」欄のとおり平成29年課税期間の消費税等に係る無申告加算税の賦課決定処分をし、令和元年６月28日付で別表２の「確定申告」欄の「平成30年課税期間」欄の「無申告加算税の額」欄のとおり平成30年課税期間の消費税等に係る無申告加算税の賦課決定処分をした。

ハ　本件調査に係る調査結果の内容の説明後から原処分までの経過について

請求人は、令和３年11月30日、原処分庁に対し、Ｋ税理士が同日に受けた本件調査に係る調査結果の内容の説明及び修正申告又は期限後申告の勧奨に従い、別表１の「修正申告」欄のとおり記載した本件各所得税等の各修正申告書、別表２の「修正申告」欄の「平成29年課税期間」欄及び「平成30年課税期間」欄のとおり記載した平成29年課税期間及び平成30年課税期間の消費税等の各修正申告書並びに同表の「確定申告」欄の「令和２年課税期間」欄のとおり記載した令和２年課税期間の消費税等の確定申告書（期限後申告書）をそれぞれ提出した。

なお、令和元年課税期間の消費税等については、本件調査の結果、控除対象仕入税額の増加により還付すべきものと認められた（令和４年１月17日付で減額更正）。

ニ　原処分について

(イ)　原処分庁は、請求人に対し、令和３年12月16日付で次の各処分をした。

A　別表１の「賦課決定処分」欄記載の平成29年分及び平成30年分の各所得税等に係る各重加算税賦課決定処分、令和元年分の所得税等に係る過少申告加算税及び重加算税の各賦課決定処分並びに令和２年分の所得税等に係る無申告加算税及び重加算税の各賦課決定処分

B　別表２の「賦課決定処分」欄記載の平成29年課税期間及び平成30年課税期

間の各消費税等に係る各重加算税賦課決定処分並びに令和２年課税期間の消費税等に係る無申告加算税及び重加算税の各賦課決定処分

(ロ) 上記(イ)の各処分のうち、本件各所得税等及び本件各消費税等に係る重加算税の各賦課決定処分（以下「本件各賦課決定処分」という。）は、請求人が本件各売買取引及び本件各売買仲介取引についての事実を隠蔽仮装したことを理由とするものであった。

ホ　審査請求について

請求人は、本件各賦課決定処分の一部（過少申告加算税又は無申告加算税相当額を超える部分）に不服があるとして、令和４年２月25日に審査請求をした。

2　争　点

(1) 請求人は、平成29年売買仲介取引を行って当該取引に係る仲介手数料を得たか否か（争点１）。

(2) 請求人は、本件各売買取引及び本件各売買仲介取引について、通則法第68条第１項及び第２項に規定する事実の隠蔽仮装をしたか否か（争点２）。

3　争点についての主張

(1) 争点１（請求人は、平成29年売買仲介取引を行って当該取引に係る仲介手数料を得たか否か。）について

原処分庁	請求人
請求人は、以下のとおり、平成29年売買仲介取引を行って当該取引に係る仲介手数料を得た。	請求人は、以下のとおり、平成29年売買仲介取引を行っておらず、当該取引に係る仲介手数料も得ていない。したがって、平成29年売買仲介取引についての事実の隠蔽仮装はない。
イ　平成29年売買仲介取引については、本件領収書が存在しており、請求人は、Ｇから平成29年売買仲介取引に係る仲介手数料を受領している。 　請求人は、本件領収書について、Ｈから金額が白地の領収書を渡すよう頼	イ　平成29年売買仲介取引は、請求人が行ったものではなく、関与もしていない。 　平成29年売買仲介取引については、本件領収書が存在するが、本件領収書は、請求人がＨからの依頼を受けて同

― 13 ―

人に白地の領収書を交付した後、同人において金額等を記載して利用したものである。請求人は、Hにおける本件領収書の交付について何ら関与しておらず、同人から本件領収書に記載する金額を周知されていなかったから、当該金額も承知していなかった。

ロ 請求人は、本件領収書に記載された仲介手数料615,600円について、これを請求人の収入金額及び課税資産の譲渡等の対価の額とする平成29年分の所得税等及び平成29年課税期間の消費税等の各修正申告書を提出し、これらに係る重加算税の各賦課決定処分についても無申告加算税相当額を超える部分についての取消ししか求めていない。しかし、これは本件領収書を交付した取引先に迷惑を掛けたくないことから上記仲介手数料について、請求人の収入金額及び課税資産の譲渡等の対価の額とすることを容認したにすぎない。

　平成29年売買仲介取引は、上記イのとおり、請求人が行ったものでなく、存在しない以上、平成29年売買仲介取引について事実の隠蔽仮装はない。

まれて渡したもので、本件領収書に係る取引には関与していないし、本件領収書に記載された金額についても同人から周知されておらず、売上金額を承知していなかった旨主張する。しかしながら、請求人は、Hから本件各売買取引に係る資金を無利息で借用している旨の申述もしており、当該申述に鑑みると、請求人の本件領収書についての主張は不自然で信ぴょう性に乏しいものである。

ロ また、請求人は、本件領収書に記載された仲介手数料615,600円（消費税等込み金額。以下同じ。）について、これを請求人の収入金額及び課税資産の譲渡等の対価の額とする平成29年分の所得税等及び平成29年課税期間の消費税等の各修正申告書を提出しており、これらに係る重加算税の各賦課決定処分についても無申告加算税相当額を超える部分についての取消ししか求めていない。

⑵ 争点2（請求人は、本件各売買取引及び本件各売買仲介取引について、通則法第68条第1項及び第2項に規定する事実の隠蔽仮装をしたか否か。）について

原処分庁	請求人
請求人は、以下のとおり、本件各売買取引及び本件各売買仲介取引について、通則法第68条第1項及び第2項に規定する事実の隠蔽仮装をした。	請求人は、以下のとおり、本件各売買取引及び本件各売買仲介取引について、通則法第68条第1項及び第2項に規定する事実の隠蔽仮装をしていない。
イ　請求人が本件業績管理表に本件各売買取引及び本件各売買仲介取引について記載しなかったことは、以下のとおり、内容虚偽の帳簿書類の作成というべきであり、通則法第68条第1項及び第2項に規定する事実の仮装に当たる。	イ　請求人が本件業績管理表に本件各売買取引及び本件各売買仲介取引について記載しなかったことは、以下のとおり、内容虚偽の帳簿書類の作成とはいえないから、通則法第68条第1項及び第2項に規定する事実の仮装に当たらない。
㈠　本件業績管理表は、以下のとおり、本件各売買取引及び本件各売買仲介取引についての記載がないことから、内容虚偽の帳簿書類に当たる。	㈠　本件業績管理表は、以下のとおり、本件各売買取引及び本件各売買仲介取引を含む請求人の事業全部に係る帳簿書類ではない。したがって、本件業績管理表に本件各売買取引及び本件各売買仲介取引についての記載がないとしても内容虚偽の帳簿書類には当たらない。
A　本件業績管理表は、以下のとおり、請求人が確定申告の基礎となる資料として作成した本件各売買取引及び本件各売買仲介取引を含む請求人の事業全部に係る帳簿書類である。	A　本件業績管理表は、不動産賃貸仲介等の各月の利益金額を把握するための一覧表である。その形式も不動産賃貸仲介等を想定したものであり、不動産賃貸仲介等と取引内容を異にする取引について適切に入力できる形式になっていな
㈠　本件業績管理表は、本件調査	

— 15 —

において、請求人が、調査担当職員に対して、申告の基礎とした帳簿書類として提示したものであり、本件各所得税等並びに平成29年課税期間から令和元年課税期間までの消費税等の各確定申告も本件業績管理表に基づいて行われている。

(B) 請求人は、本件業績管理表が本件各売買取引及び本件各売買仲介取引を含む請求人の事業全部に係る帳簿書類ではない旨主張し、その理由として、本件各売買取引の収入金額等は、本件業績管理表ではなく、本件売買計算表に記録されていること、本件各売買仲介取引は本件業績管理表に記載すべきものではないし、請求人が行ったのは平成30年売買仲介取引のみであり、これは単発の取引であったため、その収入金額等を記録することを失念したことを挙げる。

しかしながら、請求人は、本件売買計算表を作成していたにもかかわらず、本件調査において、当初、本件業績管理表を基に確定申告を行っており、これ以外に請求人の収入はない旨申

い。したがって、本件業績管理表は、不動産賃貸仲介等の損益計算を行うための確定申告の基礎となる資料の一つにすぎず、本件各売買取引及び本件各売買仲介取引を含む請求人の事業全部に係る帳簿書類ではない。本件業績管理表を総勘定元帳などの帳簿と同一視することは誤りである。

本件業績管理表は、上記のとおり、不動産賃貸仲介等と取引内容を異にする本件各売買取引を想定したものではないから、請求人は、本件各売買取引の内容を本件業績管理表にどのように反映したらよいか分からなかった。また、請求人は、本件各売買取引に係る帳簿を作成していなかったものの、本件業績管理表とは別に、売却の都度、本件各売買取引に係る物件ごとの収入金額、売上原価及び必要経費や利益額を把握することができる本件売買計算表を作成し、物件ごとにファイリングした当該取引に係る契約書、請求書及び領収書等と共に保存していた。

本件各売買仲介取引についても、上記のとおり、本件業績管理表が不動産賃貸仲介等の各月の利

述して、調査担当職員に本件各売買取引及び本件各売買仲介取引の存在を明らかにせず、本件売買計算表も提示しなかった。

したがって、本件業績管理表が、不動産賃貸仲介等の各月の利益金額を把握するための一覧表であって、本件各売買取引及び本件各売買仲介取引を含む請求人の事業全部に係る帳簿書類ではないということはできない。

請求人が平成29年売買仲介取引を行ったことは、上記(1)の「原処分庁」欄のとおりであるし、請求人は宅地建物取引業者として仲介した媒介契約書等の関係書類を保存することが義務付けられているのであるから、平成30年売買仲介取引が単発の取引であったために、その収入金額等の記録を失念したとの主張も理由がない。

B　本件業績管理表は、上記Aのとおり、請求人が確定申告の基礎となる資料として作成した本件各売買取引及び本件各売買仲介取引を含む請求人の事業全部に係る帳簿書類であるから、本件業績管理表

益金額を把握するための一覧表であり、本件各売買取引及び本件各売買仲介取引を含む請求人の事業全部に係る帳簿書類ではないことから、本件業績管理表に記載すべきものではない。また、平成29年売買仲介取引は請求人が行ったものではないことは、上記(1)の「請求人」欄のとおりであって、その収入金額等を記録する必要はなかった。本件各売買仲介取引のうち請求人が行ったものは平成30年売買仲介取引のみであり、その収入金額等を請求人は記録していないが、これは当該取引が単発の取引であったことから、その記録をすることを失念したものである。

B　本件業績管理表は、上記Aのとおり、不動産賃貸仲介等の損益計算を行うための確定申告の基礎となる資料の一つにすぎず、本件各売買取引及び本件各売買仲介取引を含む請求人の事業全部に係る帳

には請求人の宅地建物取引業者としての全ての収入金額等が記録されなければならない。

　しかしながら、本件業績管理表には本件各売買取引及び本件各売買仲介取引の収入金額等が記録されていないから、本件業績管理表は、請求人の宅地建物取引業者としての全ての収入金額等を記録した真実の資料ではなく、内容虚偽の帳簿書類に当たる。

(ロ)　請求人は、次のとおり、本件業績管理表に本件各売買取引及び本件各売買仲介取引の収入金額等を記録し、本件各売買取引及び本件各売買仲介取引についての申告をしなければならないことを認識しながら、本件各売買取引及び本件各売買仲介取引についての申告をしないことを意図して、本件業績管理表に本件各売買取引及び本件各売買仲介取引の収入金額等を記録しなかったものである。

A　請求人は、本件各売買取引について、売却物件ごとの売上高、売上原価、諸費用及び利益を集計した本件売買計算表を作成し、これらを把握していた。

　また、請求人は、本件調査にお

簿書類ではない。したがって、本件各売買取引及び本件各売買仲介取引の収入金額等が記録されていないとしても内容虚偽の帳簿書類には当たらない。

(ロ)　本件業績管理表は、上記(イ)のとおり、本件各売買取引及び本件各売買仲介取引の収入金額等を記録しなければならないものではないことに加え、請求人が本件業績管理表に本件各売買取引及び本件各売買仲介取引を記載しなかったのは、次のとおり、本件各売買取引及び本件各売買仲介取引についての申告をしないことを意図したものではなかった。

A　本件各売買取引及び本件各売買仲介取引は、上記(イ)のAのとおり、本件業績管理表に収入金額等を記録する必要がなかった。

　仮に本件各売買取引の収入金額等を本件業績管理表に記録するこ

いて調査担当職員からの追及を受けて本件各売買取引及び本件各売買仲介取引を行っていたことを認めた後は、本件各売買取引及び本件各売買仲介取引の利益を認識していながら申告していなかったことを認めている。請求人は、本件各売買仲介取引について、請求人が行ったのは平成30年売買仲介取引のみであり、これは単発の取引であったため失念していた旨主張するが、その主張に理由がないことは、上記(イ)のAの(B)のとおりである。

以上からすれば、請求人は、本件業績管理表に本件各売買取引及び本件各売買仲介取引の収入金額等を記録し、本件各売買取引及び本件各売買仲介取引についての申告をしなければならないことを認識しながら、本件業績管理表に本件各売買取引及び本件各売買仲介取引の収入金額等を記録せずに内容虚偽の帳簿書類を作成したものである。

とが必要であったとしても、請求人は、上記(イ)のAのとおり、本件業績管理表の形式が不動産賃貸仲介等と取引内容を異にする本件各売買取引の収入金額等を適切に入力できる形式となっていなかったこと、経理や税務知識に詳しくなく、本件各売買取引をどのように本件業績管理表に反映したらよいか分からなかったことから、忙しさに紛れてそのまま放置してしまったものである。したがって、本件各売買取引の収入金額等を本件業績管理表に入力しなかったのは、本件各売買取引についての申告をしないことを意図したからではない。

本件各売買仲介取引についても、平成29年売買仲介取引を請求人が行ったものではないことは、上記(1)の「請求人」欄のとおりである。したがって、仮に本件業績管理表に本件各売買仲介取引の収入金額等の入力を要するとしても、その入力が必要な取引は平成30年売買仲介取引のみである。そして、これが単発の取引であったことから、請求人が、その記録を失念したことは、上記(イ)のAのと

　　　　　　　　　　　　　おりである。よって、平成30年売
　　　　　　　　　　　　　買仲介取引の収入金額等を本件業
　　　　　　　　　　　　　績管理表に入力しなかったのも、
　　　　　　　　　　　　　申告をしないことを意図したから
　　　　　　　　　　　　　ではない。

B　請求人は、本件各売買取引及び　　B　原処分庁は、請求人の本件調査
　本件各売買仲介取引についての申　　　における対応からすれば、請求人
　告をしないことを意図して、本件　　　が本件業績管理表に本件各売買取
　各売買取引及び本件各売買仲介取　　　引及び本件各売買仲介取引につい
　引の収入金額等を本件業績管理表　　　て記載をしなかったのは、これら
　に記載しなかったものである。　　　　についての申告をしない意図に基
　　　　　　　　　　　　　　　　　　　づくものである旨主張する。

　　請求人は、本件調査において、　　　　しかしながら、これらを記載し
　当初、調査担当職員に対し、本件　　　なかったのが失念によるものであ
　各売買取引について本件売買計算　　　ることは、上記Aのとおりであ
　表を作成していたにもかかわら　　　　る。
　ず、請求人の事業は賃貸物件に関
　するもののみで、不動産の売買や　　　　請求人は、本件調査において、
　その仲介をしたことはない旨申述　　　調査担当職員からの「収入はこれ
　した。収入についても、損害保険　　　だけか」との問いに「そうであ
　の代理店収入はあるものの、不動　　　る」と回答したが、当該回答は確
　産賃貸仲介等に関するもののみ　　　　定申告書添付の収支内訳書に計上
　で、確定申告は本件業績管理表を　　　している数値が本件業績管理表の
　基に行っており、本件業績管理表　　　みに基づいたものであるという趣
　に記載されたもの以外の収入はな　　　旨の回答であって、本件業績管理
　い旨申述して、本件売買計算表を　　　表に記載のない収入が存在しない
　提示しなかった。　　　　　　　　　　という趣旨ではない。請求人は、
　　　　　　　　　　　　　　　　　　　本件調査において、調査担当職員
　　その後、請求人は、調査担当職　　　からの「不動産取引の仲介や自身
　員から現況調査において発見され　　　での売買取引をしていないか」と
　た領収書に基づく追及を受けて本

件各売買仲介取引をしたこと及び
これに係る申告をしていないこと
を認めた。さらに本件各売買取引
についても追及されたことによっ
て、本件各売買取引をしたこと及
びこれに係る申告をしていないこ
とを認めるに至ったものである。

　以上のとおり、請求人は、調査
担当職員から追及を受けて本件各
売買取引及び本件各売買仲介取引
を認める旨の申述をするまで、調
査担当職員に対して虚偽の答弁を
繰り返し、本件各売買取引及び本
件各売買仲介取引を秘匿しようと
していた。かかる事実からすれ
ば、請求人が本件業績管理表に本
件各売買取引及び本件各売買仲介
取引の収入金額等を記載せずに内
容虚偽の帳簿書類を作成したの
は、本件各売買取引及び本件各売
買仲介取引について申告しないこ
とを意図したものであるといえ
る。

の問いに対して「していません」
とも答弁したが、この答弁は、請
求人が本件調査時に緊張していた
こと、調査担当職員の言動に少し
立腹していたこと、本件各売買仲
介取引についてのみ聞かれている
と錯誤し、単発の平成30年売買仲
介取引についての記憶がなかった
ことから反射的に答弁したものに
すぎない。したがって、本件調査
時の請求人の調査担当職員に対す
る答弁は、請求人が本件各売買取
引及び本件各売買仲介取引につい
て、申告しないことを意図してい
たことをうかがわせるものではな
い。

　請求人は、令和3年10月13日午
後の本件調査の再開後、調査担当
職員に本件各売買取引があったこ
とを自主的に進言し、本件各売買
取引及び本件各売買仲介取引の関
係資料の提示やパソコンデータの
提供などの協力的な対応をしてい
る。このことからしても、請求人
は、本件調査において、本件各売
買取引及び本件各売買仲介取引を
隠し通そうとして終始曖昧な答弁
を通したわけではないし、資料を
見せられて観念して取引を認めた

わけでもない。

　以上のとおり、請求人の本件調査における対応をもって、請求人が本件各売買取引及び本件各売買仲介取引についての申告をしないことを意図して、これらの取引を本件業績管理表に記載しなかったということはできない。

(ハ)　以上によれば、請求人が本件業績管理表に本件各売買取引及び本件各売買仲介取引の収入金額等を記載しなかったことは、内容虚偽の帳簿書類の作成に当たらないし、これらの取引の申告をしないことを意図したものでもないから、通則法第68条第1項及び第2項に規定する事実の仮装に当たらない。

ロ　原処分庁は、請求人の本件調査における対応からすれば、請求人は、当初から本件各売買取引及び本件各売買仲介取引についての申告をしないことを意図していたものであり、その意図を外部からうかがい得る特段の行動もしている旨主張する。

　しかしながら、請求人が本件各売買取引及び本件各売買仲介取引についての申告をしなかったのは、上記イの(ロ)のAのとおり、請求人が経理や税務知

(ハ)　以上によれば、請求人が本件業績管理表に本件各売買取引及び本件各売買仲介取引の収入金額等を記載しなかったことは、本件各売買取引及び本件各売買仲介取引についての申告をしないことを意図した内容虚偽の帳簿書類の作成というべきであり、当該内容虚偽の帳簿書類の作成は、通則法第68条第1項及び第2項に規定する事実の仮装に当たる。

ロ　仮に本件業績管理表に本件各売買取引及び本件各売買仲介取引の収入金額等を記載しなかったことが内容虚偽の帳簿書類の作成に当たらないとしても、次のとおり、請求人は、当初から本件各売買取引及び本件各売買仲介取引についての申告をしないことを意図していたものであり、その意図を外部からもうかがい得る特段の行動をしている。したがって、請求人は、本件各売買取引及び本件各売買仲介取引につ

いて、通則法第68条第1項及び第2項に規定する事実の隠蔽仮装をしたものである。

識に詳しくないことから忙しさに紛れて放置してしまったり、単発の取引であったことから失念したりしてしまったからであり、本件各売買取引及び本件各売買仲介取引についての申告をしないとの意図によるものではない。

　請求人は、上記イの(ロ)のBのとおり、令和3年10月13日午後の本件調査の再開後、調査担当職員に本件各売買取引があったことを自主的に進言し、本件各売買取引及び本件各売買仲介取引の関係資料の提示やパソコンデータの提供などの協力的な対応をしている。このことからしても、請求人は、本件調査において、本件各売買取引及び本件各売買仲介取引を隠し通そうとして終始曖昧な答弁を通したわけではなく、資料を見せられて観念して取引を認めたわけでもない。したがって、本件調査において、請求人に本件各売買取引及び本件各売買仲介取引の申告をしない意図をうかがい得る特段の行動は見られなかった。

(イ)　請求人が、上記イの(ロ)のAのとおり、不動産の売却物件ごとに本件売買計算表を作成して、その収益を把握していたこと、本件調査において調査担当職員からの追及を受けて本件各売買取引及び本件各売買仲介取

引を認めた後は、本件各売買取引及
び本件各売買仲介取引の利益を認識
していながら申告していなかったこ
とを認めていることからすれば、請
求人は、当初から、本件各売買取引
及び本件各売買仲介取引についての
申告をしなければならないことを認
識していたといえる。

(ロ)　請求人は、本件各所得税等の申告
において本件各売買取引及び本件各
売買仲介取引に係る所得を申告して
いない。また、平成29年課税期間及
び平成30年課税期間の消費税等の期
限後申告においても本件各売買仲介
取引に係る消費税等を申告していな
いし、令和２年課税期間の消費税等
についても法定申告期限までに本件
各売買取引に係る消費税等の申告を
していない。以上によれば、本件各
売買取引及び本件各売買仲介取引に
ついて申告しないことを当初から意
図していたといえ、上記各申告は当
該請求人の意図に基づいて行われた
ものである。

　　また、当該請求人の意図は、請求
人が、上記イの(ロ)のＢのとおり、本
件調査において、当初、調査担当職
員に対し、請求人の事業は賃貸物件
に関するもののみで、不動産の売買

やその仲介をしたことはなく、収入についても、損害保険の代理店収入はあるものの、不動産賃貸仲介等に関するもののみで、確定申告は本件業績管理表を基に行っており、本件業績管理表に記載されたもの以外の収入はないと申述して虚偽の答弁を繰り返し、本件売買計算表の提示もしなかったことなどからうかがうことができる。これら請求人の行動は、上記請求人の意図をうかがい得る特段の行動に当たる。 (ハ) 以上のとおりであるから、請求人は、本件各売買取引及び本件各売買仲介取引について、通則法第68条第1項及び第2項に規定する事実の隠蔽仮装をしたものである。	

4 当審判所の判断

(1) 認定事実

　　請求人提出資料、原処分関係資料並びに当審判所の調査及び審理の結果によれば、以下の事実が認められる。

　イ　請求人の経歴等について

　　　請求人（昭和○年○月○日生）は、○歳の時に不動産業を営む会社に就職し、その後、不動産関連の会社を数社経て、○歳の時に事業譲渡を受けて独立し、現在の事業を展開するようになった。このような経緯で、請求人は、平成29年時点において、通算20年以上不動産業界での実務経験を有していた。

　ロ　本件業績管理表について

　　　本件業績管理表には、不動産賃貸仲介等に係る別表3に記載の各種取引に係る収入が記載されている。本件各売買取引及び本件各売買仲介取引に係る収支は、

上記1の(3)のロのとおり、本件業績管理表に記載がなかった。

　なお、本件業績管理表には、不動産賃貸仲介等において通常生ずることが想定される収入及び費用を入力する項目しかなく、本件業績管理表は、本件各売買取引を計上できる形式のものではなかった。

ハ　本件各売買取引に関する事実について

　請求人は、本件各売買取引について、上記1の(3)のロの(ハ)のとおり、物件の売却の都度、速やかに事業所において本件売買計算表を作成し、同表において、物件ごとの必要経費を時系列に計上して、売上原価を計算し、売却額を記載の上、純利益を算出していた。その純利益については、別表4のとおり、令和元年分は、1物件で1,550,541円、令和2年分は、8物件の合計14,075,416円となっていた。

　請求人は、本件売買計算表を本件各売買取引に関する契約書や各種領収書などの収支計算の基礎となる帳票類と共に物件ごとにファイルに入れて整理していた。

ニ　本件各売買仲介取引に関する事実について

　(イ)　平成29年売買仲介取引については、上記1の(3)のロの(イ)のとおり、平成29年7月19日付の、宛先欄に「G」、金額欄に「615,600」との記載がある請求人名義で発行された本件領収書が存在する。本件領収書には、請求人名義の記名押印が存在し、そのただし書欄には「a市d町○-○（土地建物）売買の仲介手数料として領収しました」との記載がある。

　　また、請求人は、上記1の(3)のロの(ロ)のとおり、平成30年売買仲介取引を行い、平成30年8月2日、当該仲介に係る売買契約の当事者であるH及びJのそれぞれから当該仲介取引に係る仲介手数料を得た。その金額は、Hが1,300,000円、Jが891,000円であった。

　(ロ)　請求人は、本件各売買仲介取引の収支を記録した書類を作成していなかった。

ホ　請求人の各確定申告等について

　請求人は、上記ロのとおり、本件各売買取引及び本件各売買仲介取引の収支が反映されていない本件業績管理表に基づいて、本件各年分の所得税等の各収支内訳書の下書を作成した。

　請求人は、各確定申告をするために、L税務署に赴き、同署の職員に確定申告書の記載について相談した。そして、請求人は、当該各収支内訳書の下書に基づいて、本件各所得税等の各確定申告書並びに平成29年課税期間、平成30年課税期

間及び令和元年課税期間の消費税等の各確定申告書を作成して提出したが、令和
２年課税期間の消費税等については、本件調査に至るまで確定申告書を提出しな
かった（以下、本件各所得税等の各申告及び平成29年から令和元年までの各課税
期間の消費税等の各申告並びに令和２年課税期間の消費税等の無申告を併せて
「本件各確定申告」という。）。

　また、請求人は、事前に作成した上記の各収支内訳書の下書及び不動産賃貸仲
介等に係る書類をＬ税務署に持参したものの、本件各売買取引及び本件各売買仲
介取引に係る書類は持参せず、応対した同署の職員に対し、本件各売買取引及び
本件各売買仲介取引について、どのように確定申告すればよいか質問しなかった。

へ　本件調査の初日における請求人の申述について

　(イ)　請求人は、本件調査の初日、調査担当職員に対し、不動産売買やその仲介は
　　行っておらず、収入は本件業績管理表に記載されているものが全てであると申
　　述した。調査担当職員は、同日、請求人に対し、不動産売買やその仲介をして
　　いないかを３回質問したが、請求人は、いずれの質問に対しても、不動産の売
　　買もその仲介もしていないと回答した。

　　　３回目の質問は、調査担当職員が現況調査によって把握した請求人の領収書
　　つづりの中の平成30年売買仲介取引に係る仲介手数料の領収書の存在を指摘し
　　て行ったものであるが、請求人は、不動産売買の仲介は令和３年になって初め
　　て行ったものであるとして、令和３年より前に行った不動産売買の仲介の存在
　　や売買仲介手数料の受領を否定した。そして、上記領収書は書き損じた領収書
　　が残っていたものであって、ここにあるということは当該領収書に係る仲介手
　　数料をもらっていないということであると回答した。

　(ロ)　請求人は、上記(イ)の回答後、調査担当職員から上記領収書に平成30年の不動
　　産売買の仲介手数料である旨の記載がある理由を追及され、平成30年売買仲介
　　取引を行ったことを認めた上、初めての不動産売買の仲介取引で不慣れであっ
　　たため、売主であるＪからすごく怒られたことを覚えているなどと平成30年売
　　買仲介取引について具体的な申述をした。

　　　加えて、請求人は、調査担当職員から、本件各売買取引の有無について再度
　　質問を受けたところ、その取引の存在を認め、物件ごとに整理された本件売買
　　計算表など、本件各売買取引に係る資料を提示した。

ト　当審判所に対する請求人の答述について

　　請求人は、当審判所に対し、本件各売買取引に係る収支について、事業所得等として所得税等及び消費税等の申告をする必要があることを認識していた旨を答述した。

(2)　争点1（請求人は、平成29年売買仲介取引を行って当該取引に係る仲介手数料を得たか否か。）について

イ　平成29年売買仲介取引に関する書証として、上記(1)のニの(イ)のとおり、平成29年7月19日付の、宛先欄に「G」、金額欄に「615,600」との記載がある請求人名義で発行された本件領収書が存在し、そのただし書欄には「a市d町○－○（土地建物）売買の仲介手数料として領収しました」との記載がある。

　　本件領収書には、請求人名義の記名押印が存在するところ、当該押印が請求人の押印であることに争いはないから、本件領収書は、特段の事情のない限り、請求人の意思に基づき真正に成立した文書であると推認される。そして、領収書の性質に照らせば、本件領収書の成立の真正が認められる以上、請求人は、特段の事情のない限り、本件領収書に記載のとおりGから仲介手数料を受領したと認めるのが相当であり、請求人は、平成29年売買仲介取引を行い、その仲介手数料615,600円をGから得たというべきである。

ロ　この点、請求人は、本件領収書がHにおいて請求人から白地の領収書の交付を受けた後に金額等を記載して利用した領収書であるとして、本件領収書の成立の真正を争う。

　　しかしながら、本件領収書に請求人の押印があることは上記のとおりである。また、領収書は、その名義人が領収した金額を明らかにする重要な文書である。請求人が、上記(1)のイのとおり、通算20年以上も不動産業に携ってきた経歴を有していることも考慮すると、他人が金額欄を自由に記載することが可能な金額欄白地の領収書を交付するというのは、通常は考え難い事態であるといえる。このような通常は考え難い行動をとったというのであれば、そのいきさつや原因について、何らかの特別な事情があったものと考えられる。しかし、請求人からは、Hに金額欄白地の領収書を交付したいきさつや原因についての具体的な説明はない。また、金額欄白地の領収書を作成し、交付するということは、発行者自身が白地に補充されるであろう金額を受領したものとみなされる可能性のある書類を

作成・交付するということにほかならないから、当該領収書が、交付後どのように利用されたのかについて関心を持つというのが自然な態度である。しかし、Hが本件領収書をどのように利用したのかについて、請求人が関心を持っていたことをうかがわせる事情は見当たらない。このような請求人の態度は、金額欄白地の領収書を発行した者の態度としては不自然であると考えられる。加えて、請求人が本件領収書を交付した相手がHであることや請求人が本件領収書を交付した当時において、本件領収書が金額等の記載のない白地の領収書であったことを認めるに足りる証拠もない。したがって、本件領収書の金額欄が白地であったなど上記領収書が請求人の意思に基づいて真正に成立したものであることを否定すべき特段の事情は認められない。請求人は、本件領収書を交付した相手方であるHにおける本件領収書の交付については何ら関与していない旨主張するが、何ら関与しないとのこと自体、金額欄白地の領収書を交付した者の態度としては不自然であるといえるから、請求人の同主張は、上記認定を左右するに足りるものではない。

　さらに、請求人は、Hが作成した領収書に押印するように頼まれたから押印しただけで、金銭をもらった記憶はない旨主張する一方で、本件領収書記載の仲介手数料について、これを請求人の収入金額及び課税資産の譲渡等の対価の額とする平成29年分の所得税等及び平成29年課税期間の消費税等の各修正申告書を原処分庁に提出しているのであって、本件領収書の記載内容に沿う修正申告をしている。このことからも、請求人が平成29年売買仲介取引を行い、その仲介手数料を受領していたことがうかがわれる。この点につき、請求人は、当該各修正申告書の提出について、請求人が白地の領収書を交付した取引先に迷惑を掛けたくないことから、上記仲介手数料について、請求人の収入金額及び課税資産の譲渡等の対価の額とすることを容認したにすぎない旨主張する。しかしながら、請求人がHに金額欄白地の領収書を交付したこと自体、認めるに足りるものでないことは、上記のとおりである。加えて、請求人がHを通じて上記仲介手数料を受領していない旨のHの陳述を得るなど、請求人において可能な請求人主張を裏付ける具体的な反証をしていないことからも、請求人からHへの金額欄白地の領収書の交付があったとは認め難い。

　したがって、請求人の主張は、その前提を欠くものであって採用できない。

ハ　以上のとおり、本件領収書は、請求人の押印があることから、請求人の意思に基づいて真正に成立した文書であると推認され、これを覆すべき特段の事情は認められない。そして、領収書の性質を踏まえれば、特段の事情のない限り、本件領収書に記載のとおり請求人が仲介手数料を受領した事実を認めるのが相当であるところ、本件領収書の記載に反して請求人が本件領収書に記載された仲介手数料を受領していないと認めるべき特段の事情もうかがわれない。

したがって、請求人は、平成29年売買仲介取引を行って、本件領収書に記載の仲介手数料を受領したものと認められる。

(3)　争点2（請求人は、本件各売買取引及び本件各売買仲介取引について、通則法第68条第1項及び第2項に規定する事実の隠蔽仮装をしたか否か。）について

イ　法令解釈

(イ)　通則法第68条第1項及び第2項は、納税者が、国税の課税標準等又は税額等の計算の基礎となるべき事実の全部又は一部を隠蔽し、又は仮装し、その隠蔽し又は仮装したところに基づき、納税申告書を提出し又は法定申告期限までに納税申告書を提出しなかったときは、その納税者に対して重加算税を課することとしている。そして、ここにいう隠蔽と評価すべき行為とは、事実を隠匿し又は脱漏することをいい、仮装と評価すべき行為とは、所得、財産又は取引上の名義を装うなど事実をわい曲することをいうものと解される。

(ロ)　上記重加算税の制度は、納税者が隠蔽又は仮装という不正手段を用いて、過少申告書を提出し又は申告書を法定申告期限までに提出しなかった場合に、過少申告加算税又は無申告加算税よりも重い行政上の制裁を科することによって、悪質な納税義務違反の発生を防止し、もって申告納税制度による適正な徴税の実現を確保しようとするものである。

したがって、重加算税を課するためには、過少申告行為又は無申告行為そのものとは別に、隠蔽又は仮装と評価すべき行為が存在し、これに合わせた過少申告がされたこと、又は法定申告期限までに申告がされなかったことを要するものである。しかしながら、上記の重加算税制度の趣旨に鑑みれば、隠蔽又は仮装と評価すべき行為が存在するというためには架空名義の利用や資料の隠匿等の積極的な行為が存在したことまで必要であると解するのは相当ではなく、納税者が、当初から所得を過少に申告すること、又は法定申告期限までに申告

しないことを意図し、その意図を外部からもうかがい得る特段の行動をした上、その意図に基づき、過少申告をし、又は法定申告期限までに申告しなかったような場合には、重加算税の賦課要件が満たされるものと解するのが相当である（最高裁平成7年4月28日第二小法廷判決・民集49巻4号1193頁参照）。

ロ　検討

（イ）　本件各売買取引について

A　原処分庁は、上記3の(2)の「原処分庁」欄のイのとおり、本件業績管理表が請求人において確定申告の基礎となる資料として作成した本件各売買取引及び本件各売買仲介取引を含む請求人の事業全部に係る帳簿書類であるとして、請求人が本件業績管理表に本件各売買取引及び本件各売買仲介取引を記載しなかったことは、これらに係る所得等を申告しない意図に基づく隠蔽又は仮装と評価すべき行為に当たる旨主張する。

しかしながら、本件業績管理表は、上記(1)のロのとおり、不動産賃貸仲介等において通常生ずることが想定される収入及び費用を入力する項目しかないものとなっており、本件各売買取引を計上できる形式のものではなかった。また、請求人は、上記1の(3)のロの(ハ)及び上記(1)のハのとおり、物件の売却の都度、速やかに本件売買計算表を作成して収支計算をし、その物件に係る利益を把握していたのであって、本件各売買取引に係る収支については、本件業績管理表とは別に本件売買計算表を作成して把握していた。

以上からすれば、請求人が、本件調査において、当初、本件業績管理表を基に確定申告を行っており、これ以外に請求人の収入はない旨申述していたことを考慮しても、本件業績管理表と本件売買計算表を併せることによって請求人の事業所得に係る収支を記録していた旨の請求人の主張が不自然、不合理であるとはいえず、本件業績管理表が本件各売買取引及び本件各売買仲介取引を含む請求人の事業全部に係る帳簿書類であったとは認めるに足りない。

したがって、本件業績管理表に本件各売買取引に係る収支の記載がないことをもって、直ちに内容虚偽の帳簿書類を作成したとは認められず、請求人が本件各売買取引及び本件各売買仲介取引について記載のない内容虚偽の帳簿を作成したことが隠蔽又は仮装と評価すべき行為に当たる旨の原処分庁の

主張は、採用できない。

B　もっとも、請求人は、上記１の⑷のロのとおり、本件業績管理表に基づいて本件各確定申告を行い、本件各売買取引に係る所得等については、当該各申告において所得金額及び課税資産の譲渡等の対価の額（以下、所得金額及び課税資産の譲渡等の対価の額を併せて「所得金額等」という。）に含めて申告していない。そこで、当該各申告において、本件各売買取引に係る所得金額等を申告しなかったことについて隠蔽又は仮装と評価すべき行為が認められるかについて、以下検討する。

　　この点、請求人は、上記のとおり、令和元年８月以降始めた本件各売買取引について、物件の売却の都度、速やかに本件売買計算表を作成して収支計算をし、その物件に係る利益を把握し、また、上記⑴のトのとおり、本件各売買取引に係る所得金額等も事業所得等として申告をする必要があることを認識していた。にもかかわらず、請求人は、上記⑴のホのとおり、不動産賃貸仲介等に係る金額のみが記載され、本件各売買取引の内容が反映されていない帳簿書類たる本件業績管理表のみに基づいて、本件各所得税等の各収支内訳書の下書を作成し、Ｌ税務署で本件各確定申告をした際、本件売買計算表等の本件各売買取引に係る書類を一切持参せず、当該各収支内訳書の下書と不動産賃貸仲介等に関する資料のみを持参して、同署において申告相談を受けた。その際、申告相談を担当した同署の職員に対して、本件各売買取引及び本件各売買仲介取引については、どのように確定申告すればよいかを質問しなかった。

　　以上の事実に照らせば、請求人は、本件各確定申告に当たり、本件売買計算表により算出した本件各売買取引に係る所得金額等も含めて申告すべきであることを知りながら、当該所得金額等を申告しないことを意図して、本件各売買取引に係る収入金額等を除外した内容虚偽の各収支内訳書の下書を作成してＬ税務署に持参し、同署の職員に提示して相談した上で、その結果に基づいて、所得金額等を意図的に過少に記載して本件各確定申告をしたと認められる。

　　請求人は、上記⑴のハのとおり、本件各売買取引に係る本件売買計算表を物件ごとに作成して当該物件の取引に係る帳票類と共にファイルに入れて整

理していた。このような本件売買計算表その他本件各売買取引に係る帳票類の管理方法に加え、本件各売買取引が、請求人の事業全部の中で大きな金額を占める重要な取引であると考えられること（上記(1)のハ及び別表4）からすれば、請求人が本件各売買取引について失念することは考え難いところ、請求人は、上記(1)のへのとおり、本件調査において、当初、調査担当職員から繰り返し質問を受けたにもかかわらず、複数回にわたって本件各売買取引を行っていることを否認し、本件売買計算表を提出することもなかった。このことからすれば、請求人の本件調査における当初の回答は、本件各売買取引の存在及びその内容を秘匿する意図に基づくものと推認され、このことからも請求人が本件各確定申告に本件各売買取引に係る所得金額等を含めなかったのは、本件各売買取引に係る所得金額等を申告しないことを意図したものであって、請求人が、法定申告期限において、当該意図を有していたことが推認される。

　　　したがって、本件各売買取引に係る所得金額等については、請求人に、通則法第68条第1項及び第2項に規定する「事実の全部又は一部を隠蔽し、又は仮装し」に該当する事実があったといえる。

(ロ)　本件各売買仲介取引について

A　請求人には、上記1の(3)のロの(イ)及び(ロ)並びに上記(2)のとおり、本件各売買仲介取引に係る仲介手数料の収入があった。請求人は、平成29年売買仲介取引の存在を争うが、当該取引の存在とこれに係る仲介手数料の受領が認められることは、上記(2)のとおりである。

B　請求人は、上記(1)のニの(ロ)のとおり、本件各売買仲介取引の収支を記録した書類を作成しておらず、これを本件業績管理表にも記載していなかった。請求人が平成29年時点において通算20年以上の不動産業界での実務経験を有していた者であること、不動産賃貸仲介等に係る仲介手数料については法定申告期限を経過しながらも所得税等の確定申告の際に収入として申告していることからすると、不動産に関する仲介業務であるという点で共通する本件各売買仲介取引についても、その仲介手数料収入を申告しなければならないとの認識を有していたものと推認される。

　　　この点につき、請求人は、本件各売買仲介取引の収支の記録が存在しない

理由について、本件各売買仲介取引が平成30年売買仲介取引のみの単発取引であったことから失念したものである旨主張する。しかしながら、請求人が受領した本件各売買仲介取引に係る仲介手数料の金額は、上記(1)のニの(イ)のとおり、いずれも61万円を超えるものであるところ、その金額は本件各年分の不動産賃貸仲介等の仲介手数料の平均月額が約19万円（別表3の仲介料の各年分の月平均額を計算）であることと比較しても高額である。また、請求人は、本件各売買仲介取引よりも相当程度少額かつ年に数回しかない引越し紹介料といった従たる取引まで毎年本件業績管理表に計上している上（上記(1)のロ及び別表3）、本件各売買取引については、本件業績管理表が本件各売買取引を計上できる形式ではないとの理由で、物件の売却の都度、その収支を記録した本件売買計算表を作成するなど、自身が行った取引を忘れないよう記録しようとしている。以上に加え、本件各売買仲介取引の仲介手数料が、請求人が得る平成29年及び平成30年の収入の中では特に高額であること、本件各売買仲介取引は、いずれも請求人の取引先であり本件各売買取引の助言者でもあるHの依頼による取引であったと考えられることからすれば、本件各売買仲介取引が単発取引であったために、その記録を請求人が失念したとは考え難い。

さらに、平成30年売買仲介取引は、上記(1)のへのとおり、請求人が、本件調査において、調査担当職員から平成30年売買仲介取引に係る領収書に関して追及を受けて認めるに至ったものであるが、請求人は、当初、当該領収書を示されても平成30年売買仲介取引を行っていたことを否定していた。そして、請求人は、当該取引を認めるに至った際、当初は本件各売買仲介取引を行っていたことを否認していた理由や平成30年売買仲介取引について記憶が喚起されるに至った端緒などについて説明することなく、平成30年売買仲介取引についての具体的な申述をした。これらに加え、上記(イ)のBのとおり、本件各売買取引についての請求人の本件調査における当初の回答が本件各売買取引について秘匿する意図に基づくものであったと推認されることも考慮すれば、請求人の本件調査における当初の回答は、本件各売買取引に関する回答と同様、本件各売買仲介取引について隠蔽する意図に基づくものであったと推認される。

請求人の主張立証を考慮しても、請求人の主張を裏付ける事情は見受けられないことから、本件各売買仲介取引に関する収支の記録が存在しないのは、その記録を請求人が失念したからではなく、請求人に本件各売買仲介取引に係る所得金額等を申告する意図がなかったことに基因するものと認められる。

C　通則法第68条第1項及び第2項に規定する隠蔽又は仮装が認められるためには、上記イの(ロ)のとおり、過少申告行為又は無申告行為そのものとは別に、少なくとも、納税者が、当初から所得を過少に申告すること又は法定申告期限までに申告しないことを意図し、その意図を外部からうかがい得る特段の行動をしたことが必要であるところ、上記に説示したところに加え、請求人が、本件各確定申告に当たり、L税務署の職員に申告相談をした際、当該職員に対して、本件各売買仲介取引に係る所得についても何ら明らかにしていないことなども併せ考慮すれば、請求人において、当初から本件各売買仲介取引に係る所得金額等を申告しない意図を有していたことを外部からうかがい得る特段の行動があったといえる。

したがって、請求人が本件各確定申告において本件各売買仲介取引に係る所得金額等を申告しなかったことについては、通則法第68条第1項及び第2項に規定する隠蔽又は仮装が認められるというべきである。

(ハ)　小括

以上のとおりであるから、請求人が本件各売買取引及び本件各売買仲介取引に係る所得金額等を申告しなかったことについては、通則法第68条第1項及び第2項に規定する隠蔽又は仮装が認められる。

ハ　請求人の主張について

(イ)　請求人は、本件各売買取引について、税務調査の際に物件ごとに整理、保存している関係資料を提出して自発的に修正申告するつもりであった旨主張する。

しかしながら、請求人は、上記(1)のハ及びトのとおり、本件各売買取引に係る所得金額等について所得税等及び消費税等の申告をする必要があることを認識していたし、物件の売却の都度、物件ごとに本件売買計算表を作成して収支計算を行い、その収支を把握しており、また、本件売買計算表を物件ごとに帳票類と共にファイルに入れて整理していた。したがって、本件各確定申告に当たって行ったL税務署での申告相談において、同署の職員に対し、本件各売買

取引等に係る所得金額等の申告について相談した上で、その申告を行うことが可能であった。にもかかわらず、請求人は、上記申告相談において、同署の職員に対し、本件各売買取引に係る所得金額等の申告について何ら相談しなかった。このことは請求人が本件各売買取引に係る所得金額等について自発的に申告する意思を有していたことと矛盾する。請求人は、税務調査の際に自発的に修正申告をするつもりであった旨主張するが、そもそも納税者にとって税務調査が行われるか否かは申告時には不明であるし、上記のとおり、上記申告相談時に本件各売買取引に係る所得金額等の申告について相談することが可能であった以上、税務調査があるまで申告を行わない合理的理由は存在しない。したがって、請求人が税務調査の際に本件各売買取引に係る所得金額等について自発的に修正申告をするつもりであったとは認められない。

　よって、請求人の主張には理由がないから、採用できない。

㈣　請求人は、上記３の(2)の「請求人」欄のイの㈣のＢのとおり、本件業績管理表に記載のない収入が存在しないという趣旨の発言はしていない旨、また、調査担当職員からの質問を本件各売買仲介取引についてのみ聞かれていると錯誤したこと及び当該取引を失念したことにより反射的に本件各売買仲介取引を行っていない旨答弁したにすぎず、本件各売買取引及び本件各売買仲介取引について申告しないことを意図していたものではない旨主張する。

　しかしながら、請求人が本件各確定申告に当たって本件各売買取引に係る所得金額等を申告しない意図を有していたことは、上記ロの(イ)のＢのとおり、本件売買計算表の作成による物件ごとの収支の把握や本件売買計算表の保管方法、請求人が本件各確定申告に当たって行った申告相談の状況等によって認めることができるのであり、本件調査における請求人の対応によって左右されるものではない。また、調査担当職員が作成した令和３年11月25日付の請求人に係る質問応答記録書によれば、請求人は、調査担当職員の質問に対して、本件各売買取引と本件各売買仲介取引を区別して回答していると認められるから、請求人が本件各売買仲介取引についてのみ質問されていると錯誤して回答したとは認められない。本件各売買取引と本件各売買仲介取引とでは、本件各売買取引の方が本件調査と近接した時期に行われており、その取引金額も高額であることに加え、本件各売買取引についてのみ本件売買計算表の作成や取引に係る帳

票類の整理がされているなど、種々の違いが存在するのであるから、請求人が、本件各売買取引に関する質問と本件各売買仲介取引に関する質問とを間違って回答してしまったというのは不自然である。請求人が、調査担当職員からの本件各売買取引に係る質問に対し、これを行っていない旨を明確に回答していることからしても、これが本件各売買仲介取引について失念した上での回答であるとは解し難い。

　　また、請求人は、本件業績管理表に記載のない収入が存在しない趣旨の発言はしていない旨も主張するが、上記質問応答記録書は、問答形式で作成されており、請求人が当初から本件業績管理表に記載された収入が全てであって、これ以外にはない旨の申述をしたことが明確に記載されている。しかるに、この記載に請求人が異議を述べたことはうかがわれないのであるから、上記質問応答記録書の記載内容は信用できる。

　　したがって、上記発言をしていない旨の請求人の主張は採用できない。

(ハ)　請求人は、上記3の(2)の「請求人」欄のロのとおり、本件調査の初日の午後には、本件各売買取引があったことを自主的に進言し、本件各売買取引に係る資料及び本件各売買仲介取引に係る資料やパソコンデータを提供するなど本件調査に協力しており、取引を隠そうとして終始曖昧な答弁を通したわけではないから、請求人に本件各売買取引及び本件各売買仲介取引の申告をしない意図を外部からもうかがい得る特段の行動は見られなかった旨主張する。

　　しかしながら、上記ロに説示したところによれば、仮に、請求人の主張のとおり、本件調査の初日の午後に本件各売買取引があることを自主的に進言し、本件各売買取引及び本件各売買仲介取引に係る資料も提供するなど本件調査に協力したとしても、それまでの請求人の一連の行動によって、請求人が本件各所得税等及び本件各消費税等の法定申告期限において、本件各売買取引及び本件各売買仲介取引に係る所得金額等を申告しない意図を有しており、当該所得金額等を申告しなかったことについて通則法第68条第1項及び第2項に規定する隠蔽又は仮装が認められると判断しているのであるから、上記請求人主張の事情は、上記判断を左右するものではない。

　　また、上記(1)のへのとおり、請求人は、本件調査の初日において、調査担当職員が把握した本件各売買仲介取引に係る領収書を基に追及されて、初めて本

件各売買仲介取引を認めたのであり、本件各売買仲介取引に係る他の資料を自らが積極的に示すなどしてほかにも申告漏れがあることを自主的に申し出ることもなかった事実に変わりはない。

　　　以上のことからすると、請求人の主張には理由がなく、採用できない。

(4)　本件各賦課決定処分の適法性について

　　上記(3)のロのとおり、請求人のした過少申告行為、又は無申告行為は、通則法第68条第1項及び第2項に規定する重加算税の賦課要件を満たすと認められ、上記(3)のハのとおり、請求人の主張にはいずれも理由がない。

　　そして、本件各所得税等及び本件各消費税等に係る重加算税の額については、その計算の基礎となる金額及び計算方法につき請求人は争わず、当審判所において重加算税の額を計算すると、原処分の額といずれも同額であると認められる。

　　したがって、本件各賦課決定処分はいずれも適法である。

(5)　結論

　　よって、審査請求は理由がないから、これを棄却することとする。

別表1　審査請求に至る経緯（所得税等）（省略）

別表2　審査請求に至る経緯（消費税等）（省略）

別表3　本件業績管理表に記載された収入金額（省略）

別表4　本件売買計算表の記載状況（省略）

別紙

関係法令

1　国税通則法（令和4年法律第4号による改正前のもの。以下「通則法」という。）
第68条《重加算税》第1項は、同法第65条《過少申告加算税》第1項の規定に該当する場合において、納税者がその国税の課税標準等又は税額等の計算の基礎となるべき事実の全部又は一部を隠蔽し、又は仮装し、その隠蔽し、又は仮装したところに基づき納税申告書を提出していたときは、当該納税者に対し、政令で定めるところにより、過少申告加算税の額の計算の基礎となるべき税額に係る過少申告加算税に代え、当該基礎となるべき税額に100分の35の割合を乗じて計算した金額に相当する重加算税を課する旨規定している。

2　通則法第68条第2項は、同法第66条《無申告加算税》第1項の規定に該当する場合において、納税者がその国税の課税標準等又は税額等の計算の基礎となるべき事実の全部又は一部を隠蔽し、又は仮装し、その隠蔽し、又は仮装したところに基づき法定申告期限までに納税申告書を提出せず、又は法定申告期限後に納税申告書を提出していたときは、当該納税者に対し、政令で定めるところにより、無申告加算税の額の計算の基礎となるべき税額に係る無申告加算税に代え、当該基礎となるべき税額に100分の40の割合を乗じて計算した金額に相当する重加算税を課する旨規定している。

3　通則法第68条第4項は、同条第1項及び第2項の規定に該当する場合において、これらの規定に規定する税額の計算の基礎となるべき事実で隠蔽し、又は仮装されたものに基づき期限後申告書若しくは修正申告書の提出、更正若しくは同法第25条《決定》の規定による決定又は納税の告知若しくは納税の告知を受けることなくされた納付があった日の前日から起算して5年前の日までの間に、その申告、更正若しくは決定又は告知若しくは納付に係る国税の属する税目について、同法第66条第4項に規定する無申告加算税等を課され、又は徴収されたことがあるときは、同法第68条第1項及び第2項の重加算税の額は、これらの規定にかかわらず、これらの規定により計算した金額に、これらの規定に規定する基礎となるべき税額に100分の10の割合を乗じて計算した金額を加算した金額とする旨規定している。

事例3　（重加算税　隠ぺい、仮装の認定　認めなかった事例）

　　請求人が、インターネット販売に係る売上げを隠蔽し又は売上げが請求人に帰属しないかのごとく取引名義を仮装したとは認められないとして、重加算税の賦課決定処分を取り消した事例（①平成26年分及び平成27年分の所得税及び復興特別所得税に係る無申告加算税及び重加算税の各賦課決定処分、②平成28年分から令和２年分の所得税及び復興特別所得税に係る重加算税の各賦課決定処分、③平成27年１月１日から平成27年12月31日までの課税期間の消費税及び地方消費税に係る無申告加算税及び重加算税の各賦課決定処分、④平成28年１月１日から令和２年12月31日までの各課税期間の消費税及び地方消費税に係る重加算税の各賦課決定処分・①③全部取消し、②④一部取消し・令和５年１月27日裁決）

《ポイント》
　本事例は、請求人が、インターネット販売の出品者プロフィール画面に実在しない会社名や親族の名前を記載していたものの、請求人自身がネット販売を行っていることを示す行動をし、商品の仕入れにおいて請求人の実名で取引を行っていたことなどから、国税通則法第68条第２項に規定する隠蔽又は仮装の事実があったとは認められない旨判断したものである。

《要旨》
　原処分庁は、請求人が、インターネット販売（本件ネット販売）において、出品者プロフィール画面に実在しない会社名や親族の名前を記載するなどして、取引名義を仮装することにより、本件ネット販売を行っていた事実を隠蔽した行為は、国税通則法第68条《重加算税》第２項に規定する「隠蔽し、又は仮装し」に該当する旨主張する。
　しかしながら、請求人は、出品者プロフィール画面に請求人の携帯電話番号を表示するなど顧客に対して、請求人自身が本件ネット販売を行っていることを示す行動をしていること、商品の仕入れや売上代金の回収において、一貫して、請求人の実名で取引を行い、請求人名義の口座を用いていたことからすると、商品の出品の段階において、請求人の親族の氏名などを記載していたことをもって、直ちに請求人が本件ネット販売を行っていることを隠したなどと評価することはできない。そうすると、請求人は、商品

の仕入れから売上代金の回収までの本件ネット販売における取引の各段階において、本件ネット販売の取引上の名義に関し、あたかも請求人以外の者が取引を行っていたかのごとく装い、故意に事実をわい曲するなどの仮装行為を行っていた又は請求人に帰属する本件ネット販売の売上げを秘匿する等の隠蔽行為を行っていたとは認めることはできないから、「隠蔽し、又は仮装し」に該当する事実があったとは認められない。

《参照条文等》
　　国税通則法第68条第2項

（令和 5 年 1 月27日裁決）

《裁決書（抄）》

1　事　実

(1)　事案の概要

　　　本件は、会社員である審査請求人（以下「請求人」という。）が、副業で行って
　　いたインターネット販売に係る収益について、所得税等及び消費税等の期限後申告
　　をしたところ、原処分庁が、インターネット販売において実在しない会社名や親族
　　の名を使用するなどの隠蔽又は仮装の行為があったとして、重加算税等の賦課決定
　　処分をしたのに対し、請求人が、隠蔽又は仮装の事実はないとして、原処分の一部
　　の取消しを求めた事案である。

(2)　関係法令

　　イ　国税通則法（以下「通則法」という。）第66条《無申告加算税》（平成29年 1 月
　　　 1 日より前に法定申告期限が到来した国税については、平成28年法律第15号によ
　　　る改正前のもの。以下同じ。）第 1 項柱書及び同項第 1 号は、期限内申告書の提
　　　出がなかったことについて正当な理由があると認められる場合を除き、期限後申
　　　告書の提出があった場合は、当該納税者に対し、その期限後申告に基づき納付す
　　　べき税額に100分の15の割合を乗じて計算した金額に相当する無申告加算税を課
　　　する旨規定している。

　　ロ　通則法第68条《重加算税》（平成29年 1 月 1 日より前に法定申告期限が到来し
　　　た国税については、平成28年法律第15号による改正前のもの。以下同じ。）第 2
　　　項は、同法第66条第 1 項の規定に該当する場合において、納税者がその国税の課
　　　税標準等又は税額等の計算の基礎となるべき事実の全部又は一部を隠蔽し、又は
　　　仮装し、その隠蔽し、又は仮装したところに基づき法定申告期限までに納税申告
　　　書を提出せず、又は法定申告期限後に納税申告書を提出していた時は、当該納税
　　　者に対し、政令で定めるところにより、無申告加算税の額の計算の基礎となるべ
　　　き税額に係る無申告加算税に代え、当該基礎となるべき税額に100分の40の割合
　　　を乗じて計算した金額に相当する重加算税を課する旨規定している。

　　ハ　通則法第70条《国税の更正、決定等の期間制限》第 1 項柱書及び同項第 3 号は、
　　　課税標準申告書の提出を要しない賦課課税方式による国税に係る賦課決定は、そ
　　　の納税義務の成立の日から 5 年を経過した日以後においては、することができな

い旨規定し、同条第5項は、偽りその他不正の行為によりその全部若しくは一部の税額を免れた国税（当該国税に係る加算税を含む。）についての賦課決定は、同条第1項の規定にかかわらず、同項第3号が規定する期限から7年を経過する日まで、することができる旨規定している（なお、同条第5項は、令和2年法律第8号による改正前は同条第4項として規定されていたものである。）。

(3) 基礎事実

　当審判所の調査及び審理の結果によれば、以下の事実が認められる。

　イ　会社員である請求人は、平成24年頃から副業として、インターネット上に開設したネットショップで、自身で輸入した商品を販売していた。

　ロ　請求人は、平成26年頃、F社が運営するショッピングサイトに、店舗名を「G」とするネットショップ（以下「本件ネットショップ」という。）を出店した（以下、本件ネットショップにおける取引を「本件ネット販売」という。）。

　ハ　原処分庁所属の調査担当職員による税務調査が行われていた令和3年7月27日時点で、本件ネットショップの出品者情報を表示する画面（以下「出品者プロフィール画面」という。）内の「特定商取引法に基づく記載事項」欄には、正式名称「H社」、代表者「J」（請求人の母の姓名）、住所「a市d町○－○」と記載されていた。

　ニ　請求人は本件ネット販売を行うに当たり、平成26年9月までa市d町○－○に所在するバーチャルオフィスサービスを請求人本人名義で契約していた。

(4) 審査請求に至る経緯

　イ　請求人は、平成26年分ないし令和2年分（以下、これらを併せて「本件各年分」という。）の所得税及び復興特別所得税（以下「所得税等」という。）の各確定申告書を、いずれも法定申告期限までに提出しなかった。

　また、請求人は、平成27年1月1日から平成27年12月31日までの課税期間（以下「平成27年課税期間」といい、他の課税期間についても同様に表記する。）、平成28年課税期間、平成29年課税期間、平成30年課税期間、令和元年課税期間及び令和2年課税期間（以下、これらを併せて「本件各課税期間」という。）の消費税及び地方消費税（以下「消費税等」という。）の各確定申告書を、いずれも法定申告期限までに提出しなかった。

　ロ　請求人は、原処分庁所属の調査担当職員の調査を受け、本件各年分の所得税等

及び本件各課税期間の消費税等について、確定申告書に別表1及び別表2の「確定申告」欄のとおり記載して、令和4年1月25日に提出した。

ハ　原処分庁は、これに対し、令和4年2月10日付で、別表1及び別表2の「賦課決定処分」欄のとおりの無申告加算税及び重加算税の各賦課決定処分（以下「本件各賦課決定処分」という。）をした。

ニ　請求人は、本件各賦課決定処分に不服があるとして、令和4年5月10日に審査請求をした。

2　争　点

(1)　請求人に、通則法第68条第2項に規定する「隠蔽し、又は仮装し」に該当する事実があったか否か（争点1）。

(2)　請求人に、通則法第70条第5項に規定する「偽りその他不正の行為」があったか否か（争点2）。

3　争点についての主張

(1)　争点1（請求人に、通則法第68条第2項に規定する「隠蔽し、又は仮装し」に該当する事実があったか否か。）について

原処分庁	請求人
次のとおり、請求人には、通則法第68条第2項に規定する「隠蔽し、又は仮装し」に該当する事実があった。 イ　請求人は、本件ネットショップにおいて、出品者プロフィール画面の正式名称欄に「H社」と実在しない会社名を記載し、代表者欄に「J」と請求人の母の名を記載するなどして、取引名義を仮装することにより、本件ネット販売を行っていた事実を隠蔽していた。	次のとおり、請求人には、通則法第68条第2項に規定する「隠蔽し、又は仮装し」に該当する事実はなかった。 イ　本件ネットショップの出品者プロフィール画面の出品者情報の内容欄は、出品者の任意記載項目であり、自由に入力ができることから、正式な名称の記載を求められていない。 　なお、本件ネットショップに自身の名前を記載しなかったのは、勤務先では副業が認められておらず、勤務先に対して副業が知られないようにするためであった。

また、代表者欄に母の名を記載した
のは、請求人が会社で勤務している間
に母が商品の梱包発送作業に従事して
いたからである。

さらに、本件ネット販売で売上代金
を受領していた預金口座は請求人名義
であること、商品発送時には、発送者
名に自身の名の「○○○」と記載して
いること、発送元の住所も請求人の自
宅住所を記載していること、本件ネッ
ト販売で顧客との連絡等に使用してい
た電話番号は請求人が契約しているも
のであることから、取引名義を仮装し
たことにはならない。

ロ　請求人は、上記イの行為に税を免れ
　る意図はなく隠蔽仮装の事実はない旨
　主張するが、重加算税を課し得るため
　には、納税者が故意に課税標準等又は
　税額等の計算の基礎となる事実の全部
　又は一部を隠蔽し、又は仮装し、その
　隠蔽、仮装行為を原因として無申告の
　結果が発生したものであれば足りるも
　のと解されており、税を免れる目的が
　あったか否かは必要でないことからす
　ると、請求人が故意に自らの名前を記
　載せず、借名等した行為を原因として
　無申告の結果が発生しているのである
　から、通則法第68条第2項の規定に該
　当する。

ロ　本件ネットショップで自身の名前を
　記載していなかったものの、顧客との
　メール等でのやり取りも「○○」で行
　っており、請求人の存在を隠匿する意
　図はなく、課税を免れるために取引を
　隠蔽するという意識は一切なかった。

(2) 争点2（請求人に、通則法第70条第5項に規定する「偽りその他不正の行為」が
あったか否か。）について

原処分庁	請求人
請求人が、本件ネット販売に係る収益を認識し、その収益について確定申告が必要であることも認識していたにもかかわらず、請求人が本件ネット販売を行っていなかったかのように事実を隠していた行為は、通則法第68条第2項に規定する「隠蔽し、又は仮装し」に該当し、当該行為は、同法第70条第5項に規定する「偽りその他不正の行為」により税額を免れた場合に該当する。	上記(1)の「請求人」欄のとおり、請求人には、課税を免れるという意図はなく、通則法第70条第5項に規定する「偽りその他不正の行為」に該当する事実はない。

4　当審判所の判断
(1)　争点1（請求人に、通則法第68条第2項に規定する「隠蔽し、又は仮装し」に該
当する事実があったか否か。）について
　イ　法令解釈
　　　通則法第68条に規定する重加算税は、過少申告加算税、無申告加算税又は不納
付加算税を課すべき納税義務違反が事実の隠蔽又は仮装という不正な方法に基づ
いて行われた場合に、違反者に対して課せられる行政上の措置である。ここでい
う「事実の隠蔽」とは、課税標準等又は税額の計算の基礎となる事実について、
これを隠蔽し又は故意に脱漏することをいい、また、「事実の仮装」とは、所得
及び財産あるいは取引上の名義等に関しあたかも真実であるかのように装う等、
故意に事実をわい曲することをいうものと解される。
　ロ　認定事実
　　　請求人提出資料及び原処分関係資料並びに当審判所の調査及び審理の結果によ
れば、以下の事実が認められる。
　　(イ)　出品者プロフィール画面内の記載について
　　　　　本件ネットショップの出品者プロフィール画面は随時更新されているが、本

件各年分の期間（平成26年から令和2年）においては、おおむね以下のとおり記載されていた。

A　出品者の正式名称欄には「H」又は「H社」、販売業者欄には「H社」又は「J」、代表者欄には「J」、住所欄には「a市d町○－○」と記載され、いずれの欄にも請求人の姓名が記載されたことはなかった。

　　なお、「H」及び「H社」は、法人としての登記がなく、実在しない会社名であり、会社としての実体も認められない。

B　電話番号欄には請求人本人名義で契約している携帯電話の番号（以下「請求人携帯番号」という。）が記載されていた。

㈣　請求人は、本件ネットショップのカスタマーサービス用メールアドレスとして請求人のメールアドレスを登録し、顧客からの問合せのメールに対し「○○G」と記載し、対応していた。

㈥　請求人は、顧客に商品を発送する場合、主にゆうパックを利用しており、発送伝票には、依頼主として「G　○○○」を、住所として請求人の住所地を、電話番号として請求人携帯番号を記載していた。

　　なお、請求人の母は、平成28年3月25日までは、当該住所地で請求人と同居していたが、平成28年3月26日以降は、他の住所地に居住している。

㈡　本件ネット販売に係る売上代金についてはF社が購入者から回収しており、請求人は、売上代金の入金口座としてF社に請求人本人名義のK銀行○○支店普通預金口座（口座番号○○○○）を登録し、F社から同口座への振込入金により、当該売上代金を受領していた。

㈤　請求人が、本件ネット販売のための商品の仕入れに当たり、輸入手続を委託した輸入代行業者が作成した輸入申告書には、輸入者として「D」の名称が記載されている。

㈥　請求人は、本件ネット販売の仕入代金を請求人本人名義のL銀行○○支店普通預金口座（口座番号○○○○）及び上記㈡のK銀行の口座から支払っていた。

ハ　当てはめ

㈣　請求人は、上記ロの㈡ないし㈥のとおり、商品を輸入する際は請求人本人の姓名で輸入申告を行い、請求人本人名義の預金口座で決済しており、商品の仕入先に対しては、請求人の実名で取引を行っていたと認められる。

(ロ)　また、請求人は、上記ロの(ニ)のとおり、本件ネット販売に係る売上代金について、F社に請求人本人名義の預金口座を登録し、当該預金口座にF社が顧客から回収した売上代金が入金されていたもので、F社に対しても、請求人の実名で取引を行っていたと認められる。

(ハ)　これに対し、請求人は、上記ロの(イ)のAのとおり、顧客との取引においては、出品者プロフィール画面の正式名称欄に「H社」等の実在しない会社名を記載し、代表者欄に「J」と請求人の母の名を記載し、請求人の姓名は記載しない一方で、上記ロの(イ)のB及び上記ロの(ロ)のとおり、出品者プロフィール画面に請求人携帯番号を記載し、カスタマーサービス用のメールアドレスには請求人のメールアドレスを表示し、顧客からの問合せのメールに対しては請求人の姓を名乗って対応し、また、上記ロの(ハ)のとおり、顧客に商品を発送する際は、発送伝票に請求人の姓と請求人携帯番号、請求人自身の住所地を記載するなどしていた。

　確かに、請求人の姓と、請求人の母の姓は同一であって、出品者プロフィール画面には、代表者名として、請求人の母の姓名が記載されていること、発送伝票の記載には請求人の姓のみを記載し、メール等でも請求人の姓のみを名乗って対応していたこと、出品者プロフィール画面において、請求人のフルネームが記載されたことはなかったことからすると、かかる記載等をすることが、顧客に対し、本件ネット販売を請求人ではなく請求人の母が行っているかのように誤認させる行為となっているとも言い得る。

　しかしながら、請求人は、一方で、上記のとおり、顧客からの問合せ先として請求人自身のメールアドレスを表示し、出品者プロフィール画面や顧客への発送の際の発送伝票に請求人携帯番号を記載し、また、当該発送伝票の依頼主の住所に請求人自身の住所地を記載して（なお、上記ロの(ハ)のとおり、平成28年3月26日以降、請求人は母と別居したが、別居後も請求人自身の住所地を依頼主の住所として記載し続けている。）、顧客に対しても、請求人の母ではなく、請求人自身が本件ネット販売を行っていることを示す行為をしていること、上記(イ)及び(ロ)のとおり、商品の出品及び顧客への引渡しの前後で行われた商品の仕入れやF社を通じての売上代金の回収において、一貫して、請求人の実名で取引を行い、請求人本人名義の口座を用いていたことからすると、商品の出品

及び顧客への引渡しの段階において、上記のように請求人の母の姓名を記載したり請求人の姓のみを記載したりしていたことをもって、直ちに請求人が本件ネット販売を行っていることを隠した又は請求人の母が本件ネット販売を行っているかのように装ったと評価することはできない。

　　また、出品者プロフィール画面の出品者の正式名称欄等に、実在しない会社名を記載することや従前契約していたバーチャルオフィスの住所地を記載し続けていたことについても、特定商取引法等の問題は別にして、上記で述べたのと同様に、請求人携帯番号や請求人のメールアドレスの表示等、請求人自身の表示・記載をしている部分もあることなどからすると、このような会社名の使用等をもって、直ちに本件ネット販売に係る取引上の名義を隠す、あるいは、他人と偽る行為であるということはできない。

㈡　以上のことからすると、請求人は、商品の仕入れ、商品の出品や顧客への引渡し、Ｆ社を通じての代金回収といった本件ネット販売の各取引段階において、取引上の名義に関し、あたかも請求人以外の者が取引を行っていたかのごとく装い、故意に事実をわい曲するなどの仮装行為を行っていた又は請求人に帰属する本件ネット販売の売上げを秘匿する等の隠蔽行為を行っていたと認めることはできない。そして、他に、請求人が本件ネット販売に係る売上げを隠蔽し、又は売上げが請求人に帰属しないかのごとく取引名義を仮装したことを示す証拠は見当たらない。

　　したがって、本件ネット販売において、課税標準等又は税額の計算の基礎となる事実の隠蔽又は仮装の行為があったとは認められず、請求人に、通則法第68条第2項に規定する「隠蔽し、又は仮装し」に該当する事実があったとは認められない。

ニ　原処分庁の主張について

　　原処分庁は、上記3の(1)の「原処分庁」欄のイのとおり、本件ネット販売において、出品者プロフィール画面に実在しない会社名を記載し、代表者欄に請求人の母の名前を記載するなどして、取引名義を仮装することにより、本件ネット販売を行っていた事実を隠蔽した旨主張する。

　　しかしながら、出品者プロフィール画面に実在しない会社名を記載したことや、代表者欄に請求人の母の名前を記載等したことのみをもって、請求人に、通則法

第68条第2項に規定する「隠蔽し、又は仮装し」に該当する事実があったと認められないことは、上記ハのとおりである。

したがって、この点に関する原処分庁の主張には理由がない。

(2) 争点2（請求人に、通則法第70条第5項に規定する「偽りその他不正の行為」があったか否か。）について

イ 法令解釈

通則法第70条は、国税の更正、決定等の期間制限を定めているところ、同条第5項において「偽りその他不正の行為」によりその全部若しくは一部の税額を免れた国税についての更正決定等の除斥期間を7年と規定し、それ以外の場合よりも長い除斥期間を規定している。これは、偽りその他不正の行為によって国税の全部又は一部を免れた納税者がある場合に、これに対して適正な課税を行うことができるよう、より長期の除斥期間を規定したものである。

このような通則法第70条第5項の趣旨からすれば、同項が規定する「偽りその他不正の行為」とは、税額を免れる意図のもとに、税の賦課徴収を不能又は著しく困難にするような何らかの偽計その他の工作を伴う不正な行為をいうものと解するのが相当である。

ロ 当てはめ

上記(1)のとおり、請求人が、本件ネット販売に係る売上げについて、自己に帰属しないかのごとく取引名義を仮装していた又は当該売上げを隠蔽していたとは認められないところ、隠蔽又は仮装の具体的事実を特定できない本件にあって、他に何らかの偽計その他の工作を伴う不正の行為があったと認めるに足る証拠はない。

したがって、請求人に、通則法第70条第5項に規定する「偽りその他不正の行為」があったとは認められない。

ハ 原処分庁の主張について

原処分庁は、上記3の(2)の「原処分庁」欄のとおり、請求人が本件ネット販売に係る収益及び確定申告の必要性を認識していたにもかかわらず、本件ネット販売を行っていなかったかのように事実を隠していた行為は、通則法第68条第2項に規定する「隠蔽し、又は仮装し」に該当し、同法第70条第5項に規定する「偽りその他不正の行為」にも該当する旨主張する。

しかしながら、請求人に、通則法第70条第5項に規定する「偽りその他不正の行為」があったと認められないことは、上記ロのとおりである。

したがって、原処分庁の主張には理由がない。

(3) 本件各賦課決定処分の適法性について

イ　平成26年分及び平成27年分の所得税等に係る無申告加算税及び重加算税の各賦課決定処分

上記(2)のとおり、請求人に通則法第70条第5項に規定する「偽りその他不正の行為」があるとは認められない。そうすると、請求人の平成26年分及び平成27年分の所得税等に係る無申告加算税及び重加算税の各賦課決定処分は、同項が掲げる賦課決定には当たらないから、同条第1項第3号が規定する期限から7年を経過する日まですることができる場合には該当しない。

したがって、平成26年分及び平成27年分の所得税等に係る無申告加算税及び重加算税の各賦課決定処分は、通則法第70条第1項柱書に規定する賦課決定の期間制限を徒過してなされた違法な処分であり、その全部を取り消すべきである。

ロ　平成28年分ないし令和2年分の所得税等に係る重加算税の各賦課決定処分

上記(1)のとおり、請求人に通則法第68条第2項に規定する「隠蔽し、又は仮装し」に該当する事実は認められず、重加算税の賦課要件を満たしていないところ、平成28年分ないし令和2年分の各期限後申告書の提出により納付すべき税額の基礎となった事実のうちに期限内申告書の提出がなかったことについて、同法第66条第1項ただし書に規定する正当な理由があるとは認められないから、無申告加算税の賦課要件は満たしている。

そして、他に計算の基礎となる金額及び計算方法につき請求人は争わず、当審判所に提出された証拠資料等によっても、これを不相当とする理由は見当たらない。

したがって、平成28年分ないし令和2年分の所得税等に係る重加算税の各賦課決定処分のうち無申告加算税相当額を超える部分の金額については、別紙1ないし別紙5の「取消額等計算書」のとおり取り消すべきである。

ハ　平成27年課税期間の消費税等に係る無申告加算税及び重加算税の各賦課決定処分

上記(2)のとおり、請求人に通則法第70条第5項に規定する「偽りその他不正の

行為」があるとは認められない。そうすると、請求人の平成27年課税期間の消費税等に係る無申告加算税及び重加算税の各賦課決定処分は、同項が掲げる賦課決定には当たらないから、同条第1項第3号が規定する期限から7年を経過する日まですることができる場合には該当しない。

　　　したがって、平成27年課税期間の消費税等に係る無申告加算税及び重加算税の各賦課決定処分は、通則法第70条第1項柱書に規定する賦課決定の期間制限を徒過してなされた違法な処分であり、その全部を取り消すべきである。

　ニ　平成28年課税期間ないし令和2年課税期間の消費税等に係る重加算税の各賦課決定処分

　　　上記(1)のとおり、請求人に通則法第68条第2項に規定する「隠蔽し、又は仮装し」に該当する事実は認められず、重加算税の賦課要件を満たしていないところ、平成28年課税期間ないし令和2年課税期間の各期限後申告書の提出により納付すべき税額の基礎となった事実のうちに期限内申告書の提出がなかったことについて、同法第66条第1項ただし書に規定する正当な理由があるとは認められないから、無申告加算税の賦課要件は満たしている。

　　　そして、他に計算の基礎となる金額及び計算方法につき請求人は争わず、当審判所に提出された証拠資料等によっても、これを不相当とする理由は見当たらない。

　　　したがって、平成28年課税期間ないし令和2年課税期間の消費税等に係る重加算税の各賦課決定処分のうち無申告加算税相当額を超える部分の金額については、別紙6ないし別紙10の「取消額等計算書」のとおり取り消すべきである。

(4)　結論

　　　よって、審査請求には理由があるから、原処分の一部を取り消すこととする。

別表1　審査請求に至る経緯（所得税等）（省略）

別表2　審査請求に至る経緯（消費税等）（省略）

別紙1から10　取消額等計算書（省略）

二　所得税法関係

〈令和5年1月〜3月分〉

事例4 （非課税所得　資力喪失に伴う資産の譲渡　その他）

> **破産財団に属する株式に係る剰余金の配当は、強制換価手続による資産の譲渡による所得として非課税とはならないとした事例**（令和2年分の所得税及び復興特別所得税の決定処分並びに無申告加算税の賦課決定処分・棄却・令和5年2月16日裁決）
>
> 《ポイント》
>
> 　本事例は、破産財団に属する株式の配当請求権を行使したことにより支払を受ける剰余金の配当は、その権利の行使により資産の帰属主体である地位や所有権が破産者から移転するとは認められないため、強制換価手続による資産の譲渡による所得として非課税とはならないとしたものである。

《要旨》

　請求人は、破産手続において破産管財人が破産財団に属する財産の換価や処分をするための手段は、狭義の売買だけではなく、管理処分権に基づく破産法第78条列挙の処分などがあり、所得税法第9条《非課税所得》第1項第10号の規定（本件非課税規定）は、これらの手段を包括的に表現するために、処分や換価の代表的行為である「譲渡」に着目して「資産の譲渡」との名称を用いているのであるから、破産管財人が、破産財団に属する株式を売買する場合のみならず、剰余金の配当請求権を行使して支払を受ける場合も本件非課税規定の「資産の譲渡」に該当する旨主張する。

　しかしながら、本件非課税規定の趣旨及び文理に照らすと、「資産の譲渡」とは、資産の帰属主体たる地位や所有権を移転させる行為を指すと解されるところ、請求人が配当請求権を行使して剰余金の配当を受けることにより資産の帰属主体たる地位や所有権が請求人から移転したとは認められないから、当該配当は本件非課税規定の「資産の譲渡」には該当しない。

　また、請求人は、請求人の破産管財人（本件破産管財人）が国内において破産財団に属する株式の管理処分権の一環として国外の関連会社の取締役に就任し、その株式の剰余金の配当（本件各配当）に関する政策と実務を決定し、その資金管理や支払をしており、本件各配当の原資も国内にあるから、本件破産管財人が所得税法第181条《源泉徴収義務》第1項に規定する「支払をする者」（支払をする者）に該当することから、本

件破産管財人が源泉徴収義務を負う旨主張する。

　しかしながら、本件各配当は、本件破産管財人が、破産管財人としての地位に基づき行ったものであり、本件各配当の支払における本件破産管財人と請求人の関係は、直接の債権債務関係に立たないことはもとより、これに準ずるような特に密接な関係にあるということもできないから、本件破産管財人は本件各配当の「支払をする者」に該当しない。よって、本件破産管財人は源泉徴収義務を負わない。

《参照条文等》

　所得税法第9条第1項第10号、第181条第1項、所得税法施行令第26条

　租税特別措置法第9条の2第2項、租税特別措置法施行令第4条の5第1項

　破産法第2条第5項及び第7項、第34条第1項、第78条第1項、第97条第4号、第148条第1項第3号、第151条

《参考判決・裁決》

　東京高裁平成23年2月23日判決（税資261号順号11620）

　平成27年7月28日裁決（裁決事例集 No.100）

　最高裁昭和37年2月28日大法廷判決（刑集16巻2号212頁）

　最高裁平成23年1月14日第二小法廷判決（民集65巻1号1頁）

　最高裁昭和43年10月8日第三小法廷判決（民集22巻10号2093頁）

　名古屋高裁金沢支部平成20年6月16日判決（税資258号順号10970）

（令和 5 年 2 月16日裁決）

《裁決書（抄）》

1　事　実

(1)　事案の概要

　　本件は、原処分庁が、審査請求人（以下「請求人」という。）の破産手続開始の決定後に破産財団に属する株式についてなされた剰余金の配当により、請求人に配当所得が生じているとして原処分を行ったのに対し、請求人が、当該配当所得は非課税所得であり、仮に課税所得であるとしても破産管財人に源泉徴収義務又は確定申告及び納付義務があるなどと主張して、原処分の全部の取消しを求めた事案である。

(2)　関係法令

イ　非課税規定関係

(イ)　所得税法第 9 条《非課税所得》第 1 項柱書及び同項第10号は、資力を喪失して債務を弁済することが著しく困難である場合における国税通則法（以下「通則法」という。）第 2 条《定義》第10号に規定する強制換価手続による資産の譲渡による所得その他これに類するものとして政令で定める所得については、所得税を課さない旨規定している（以下、この規定を「本件非課税規定」という。）。

(ロ)　通則法第 2 条柱書及び同条第10号は、この法律において、強制換価手続とは、滞納処分、強制執行、担保権の実行としての競売、企業担保権の実行手続及び破産手続をいう旨規定している。

(ハ)　所得税法施行令第26条《非課税とされる資力喪失による譲渡所得》は、本件非課税規定に規定する政令で定める所得は、資力を喪失して債務を弁済することが著しく困難であり、かつ、通則法第 2 条第10号に規定する強制換価手続の執行が避けられないと認められる場合における資産の譲渡による所得で、その譲渡に係る対価が当該債務の弁済に充てられたものとする旨規定している。

ロ　源泉徴収義務関係

(イ)　所得税法第181条《源泉徴収義務》第 1 項は、居住者に対し国内において同法第24条《配当所得》第 1 項に規定する配当等（以下「配当等」という。）の支払をする者は、その支払の際、その配当等について所得税を徴収し、その徴

収の日の属する月の翌月10日までに、これを国に納付しなければならない旨規定している。

(ロ) 租税特別措置法（以下「措置法」という。）第9条の2《国外で発行された株式の配当所得の源泉徴収等の特例》第2項は、昭和63年4月1日以後に居住者に対して支払われる同条第1項に規定する国外株式の配当等（国外において発行された株式の剰余金の配当等で、国外において支払われるものに限る。以下同じ。）の国内における支払の取扱者で政令に定めるものは、当該居住者に当該国外株式の配当等の交付をする際、その交付をする金額に100分の20の税率を乗じて計算した金額の所得税を徴収し、その徴収の日の属する月の翌月10日までに、これを国に納付しなければならない旨規定している。

(ハ) 租税特別措置法施行令（以下「措置法施行令」という。）第4条の5《国外株式の配当等の源泉徴収等の特例》第1項は、措置法第9条の2第1項に規定する支払の取扱者は、同項に規定する国外株式の配当等の支払を受ける者の当該国外株式の配当等の受領の媒介、取次ぎ又は代理（業務として又は業務に関連して国内においてするものに限る。）をする者とする旨規定している。

ハ 破産管財人の管理処分権関係

(イ) 破産法第34条《破産財団の範囲》第1項は、破産者が破産手続開始の時において有する一切の財産（日本国内にあるかどうかを問わない。）は、破産財団とする旨規定している。

(ロ) 破産法第78条《破産管財人の権限》第1項は、破産手続開始の決定があった場合には、破産財団に属する財産の管理及び処分をする権利は、裁判所が選任した破産管財人に専属する旨規定している。

(3) 基礎事実及び審査請求に至る経緯

当審判所の調査及び審理の結果によれば、以下の事実が認められる。

イ 請求人は、平成12年1月22日、平成10年○月○日にグレートブリテン及び北アイルランド連合王国政府によって正当に授権された英領e島に設立されたF社（平成12年○月○日以降の名称はG社。）の全株式（1株）を取得した。

また、請求人は、平成17年12月14日、同年○月○日に英領e島に設立されたH社（平成18年○月○日以降の名称はJ社。）の全株式を取得した。

ロ K地方裁判所は、平成28年○月○日、請求人について破産法の規定による破産

手続開始を決定し、当該破産手続の破産管財人をL弁護士（以下、請求人の破産
管財人としてのL弁護士を「L管財人」という。）とする旨定めた。

ハ　G社は、令和2年9月30日、単独株主である請求人に対し、剰余金を原資とし
て○○○○円を配当する旨を決定し、同年10月5日に同配当のうち○○○○円を、
同年12月17日に残額○○○○円を、それぞれ支払った。

また、J社は、令和2年9月30日、単独株主である請求人に対し、剰余金を原
資として○○○○円を配当する旨を決定し、同年10月5日に同配当のうち○○○
○円を、同年12月17日に残額○○○○円を、それぞれ支払った（以下、上記のG
社の配当と併せて「本件各配当」という。）。

なお、本件各配当は、G社及びJ社の取締役に就任していたL管財人が決定し
た上で、本件各配当の支払に係る事務を行った。また、本件各配当の支払先は、
いずれもL管財人名義の預金口座（破産管財人口座）であった。

ニ　請求人は、令和2年分の所得税及び復興特別所得税（以下「所得税等」とい
う。）について法定申告期限までに申告しなかった。

ホ　原処分庁は、令和4年3月28日付で、請求人の令和2年分の所得税等について、
別表の「決定処分等」欄のとおり決定処分（以下「本件決定処分」という。）及
び無申告加算税の賦課決定処分（以下「本件賦課決定処分」という。）をした。

ヘ　請求人は、原処分に不服があるとして、令和4年4月22日に審査請求をした。

2　争　点

(1)　本件各配当が本件非課税規定の「資産の譲渡」に該当するか否か（争点1）。

(2)　L管財人が本件各配当について所得税法第181条第1項又は措置法第9条の2第
2項に規定する源泉徴収義務を負うか否か（争点2）。

(3)　L管財人は本件各配当に係る所得の確定申告及び納付の義務を負うか否か（争点
3）。

3　争点についての主張

(1)　争点1（本件各配当が本件非課税規定の「資産の譲渡」に該当するか否か。）に
ついて

原処分庁	請求人
本件非課税規定は、資力を喪失して債	強制換価手続である破産手続におい

務を弁済することが著しく困難である場合における破産手続等強制換価手続による資産の譲渡に係る譲渡所得については、その譲渡が本人の意思に基づかない強制的な譲渡であり実際問題として課税することが困難であること等の観点から設けられているものである。そうすると、剰余金の配当が本件非課税規定の「資産の譲渡」に該当すると解することはできない。

　したがって、本件各配当は、本件非課税規定の「資産の譲渡」に該当しない。

て、破産管財人が破産財団に属する財産の換価や処分をするための手段は、狭義の売買だけではなく、破産管財人の管理処分権に基づく債権の取立、破産法第78条列挙の処分などがある。本件非課税規定は、これらの手段を包括的に表現するために、処分や換価の代表的行為である「譲渡」に着目して、「資産の譲渡」との名称を用いている。その意味で、破産管財人が、破産財団に属する株式を売買する場合のみならず、剰余金の配当請求権を行使して支払を受ける場合も「資産の譲渡」に該当する。

　したがって、本件各配当は、本件非課税規定の「資産の譲渡」に該当する。

(2) 争点2（Ｌ管財人が本件各配当について所得税法第181条第1項又は措置法第9条の2第2項に規定する源泉徴収義務を負うか否か。）について

原処分庁	請求人
イ　所得税法第181条第1項が規定する「配当等の支払をする者」とは、配当等の支払事務を取り扱う者と解されるところ、本件各配当について支払事務を取り扱ったのはＧ社及びＪ社であり、Ｌ管財人は、本件各配当の支払事務を取り扱っていないから、所得税法第181条第1項に規定する「支払をする者」に該当せず、同項に規定する源泉徴収義務を負わない。	イ　Ｌ管財人は、我が国において、破産財団に属する株式の管理処分行為の一環としてＧ社及びＪ社の取締役に就任し、本件各配当に関する政策と実務を決定し、担当し、その資金管理や支払をした上、その受領もした。また、その原資の所在地も我が国である。 　したがって、法的主体としてのＬ管財人は、「国内において」本件各配当の「支払をする者」に該当し、所得税

	法第181条第1項に規定する源泉徴収義務を負う。
ロ　L管財人は、措置法施行令第4条の5第1項が規定する「配当等の受領の媒介、取次ぎ又は代理をする者」に該当しないから、措置法第9条の2第2項に規定する「支払の取扱者」に該当せず、同項に規定する源泉徴収義務を負わない。	ロ　措置法施行令第4条の5第1項が規定する「配当等の受領の媒介、取次ぎ又は代理をする者」は、広く民法の範疇において捉えるべきであり、便宜提供者等が該当すると解される。L管財人は、本件各配当の受領者側の便宜提供も行っているからこれに該当する。 　したがって、L管財人は、「支払の取扱者」に該当し、措置法第9条の2第2項に規定する源泉徴収義務を負う。

(3)　争点3（L管財人は本件各配当に係る所得の確定申告及び納付の義務を負うか否か。）について

原処分庁	請求人
G社及びJ社の株主の地位は、破産手続開始決定後も請求人が有しているから、株主としての地位に基づき受領した本件各配当は、請求人に帰属する。 　そして、所得税は一暦年内における各個人の財産、事業、勤労等による各種の所得を総合一本化した個人の総所得金額について、個人的事由による諸控除を行った上、これに対応する累進税率の適用によって総合的な担税力に適合した課税を行うことを目的とした租税であって、所得源に応じて課税するようなことは、	本件各配当に係る所得の納税義務の負担と納税は、請求人の破産手続の破産財団に属する財産につき、L管財人のみが行った管理処分行為の結果であり、しかもその納税がなされるものとすれば、当該破産財団の直接の減少をもたらす危険を伴うものであるから、請求人ではなくL管財人がその責任において、誤りがなきように当該破産財団の管理として自らこれを行うことが必要である。破産法人の破産管財人は、法人税法（平成22年法律第6号による改正前のもの）第102条

別段の定めのない限り予定しない。納税者が破産手続開始の決定を受け、その総所得金額が破産財団に属する財産によるものと破産財団に属しない財産（以下「自由財産」という。）によるものとに基づいて算定されるような場合においても、その課税の対象は、それらとは別個の破産者個人について存する上記の総所得金額という抽象的な金額であり、所得税は破産財団に関して生じた請求権とは認めがたいと解されている。そうすると、本件各配当に係る所得税は破産財団から弁済を受けることができる債権に該当しない。

したがって、L管財人は、破産法第78条第1項等により本件各配当に係る所得の確定申告及び納付義務を負わない。

《清算中の所得に係る予納申告》及び第105条《清算中の所得に係る予納申告による納付》に基づく予納申告及び納付の義務を負うものとされている。

したがって、本件各配当に係る所得が請求人に帰属するとしても、L管財人は、破産法第78条第1項に規定する管理処分権能の一環として、あるいは、破産管財人が自己の名により他の者の権利義務を行使し、その結果・効果が当該他の者に帰属するという法定の代位（法定訴訟信託）として、本件各配当に係る所得の確定申告及び納付義務を負うと解すべきである。

4 当審判所の判断

(1) 争点1（本件各配当が本件非課税規定の「資産の譲渡」に該当するか否か。）について

イ 法令解釈

本件非課税規定は、上記1の(2)のイのとおり、資力を喪失して債務を弁済することが著しく困難である場合において、破産手続等の強制換価手続等による「資産の譲渡」による所得については、所得税を課さない旨規定しているところ、「資産の譲渡」が要件とされているのは、本人の意思に基づかない強制的な譲渡については、所得税の課税上、特段の考慮が必要であるとする趣旨であると解される。

そして、上記趣旨及び「譲渡」という文言の通常の意味に照らすと、「資産の譲渡」とは、資産の帰属主体たる地位や所有権を移転させる行為を指すと解する

のが相当である。

ロ　当てはめ

　　上記１の⑶のハのとおり、Ｇ社及びＪ社は剰余金を原資として配当をする旨決定したところ、その結果、本件各配当は、請求人に帰属するＧ社及びＪ社の各株式につき、上記配当を受ける権利の行使により支払われたものであると認められるから、本件各配当により、Ｇ社及びＪ社の各株式の帰属主体たる地位や所有権は請求人から移転せず、Ｇ社及びＪ社の各株式以外の資産の帰属主体たる地位や所有権が請求人から移転したとも認められない。

　　したがって、本件各配当は、本件非課税規定の「資産の譲渡」に該当しない。

ハ　請求人の主張について

　　請求人は、上記３の⑴の「請求人」欄のとおり、本件非課税規定については、破産管財人が破産財団に属する財産の換価や処分をするための手段を包括的に表現するために、その代表的行為である「譲渡」に着目して、「資産の譲渡」との名称を用いているにすぎず、破産管財人が剰余金の配当請求権を行使して支払を受ける場合も「資産の譲渡」に該当する旨主張する。

　　しかしながら、本件非課税規定の趣旨及び文理に照らして検討しても、「資産の譲渡」の意義を拡大解釈して、配当請求権の行使による支払も「資産の譲渡」に該当すると解すべき根拠を見いだすことはできないから、請求人の主張は採用できない。

⑵　争点２（Ｌ管財人が本件各配当について所得税法第181条第１項又は措置法第９条の２第２項に規定する源泉徴収義務を負うか否か。）について

イ　法令解釈

　　㈠　所得税法第181条第１項は、上記１の⑵のロの㈠のとおり規定するところ、同規定が「支払をする者」に源泉徴収義務を課しているのは、配当等の支払をする者と支払を受ける者との間に特に密接な関係があって、徴税上特別の便宜を有し、その能率を上げ得る者を義務者とする趣旨であると解されるから、同項に規定する「支払をする者」に該当するか否かは、上記の趣旨に照らして検討するのが相当である。

　　㈡　措置法第９条の２第２項は、同条第１項に規定する「支払の取扱者」による源泉徴収義務を規定するところ、同条第２項は、国内投資家の取得する国外株

式の配当等については、金融商品取引業者等が国外において受領し、送金を受けて国内投資家に交付されているという取引実態を踏まえて、金融商品取引業者等を源泉徴収義務者としたものであり、措置法施行令第４条の５第１項は、上記１の(2)のロの(ハ)のとおり、措置法第９条の２第１項に規定する「支払の取扱者」を「国外株式の配当等の支払を受ける者の当該国外株式の配当等の受領の媒介、取次ぎ又は代理（業務として又は業務に関連して国内においてするものに限る。）をする者」と規定している。

以上からすれば、上記「配当等の受領の媒介、取次ぎ又は代理をする者」とは、業務として又は業務に関連して、配当等を受領し、本来の支払を受けるべき者に交付する地位にある者をいうと解される。

ロ　当てはめ及び検討

(イ)　所得税法第181条第１項について

Ａ　本件各配当については、上記１の(3)のハのとおり、法人であるＧ社及びＪ社の各決定に基づいてＧ社及びＪ社が支払義務を負い、その履行として支払われたものであり、Ｌ管財人は、Ｇ社及びＪ社の取締役として本件各配当を決定した上で、本件各配当の支払に係る事務を行った。

そして、本件各配当は、請求人に帰属するＧ社及びＪ社の各株式につき、剰余金の配当を受ける権利が行使された結果、支払われたものであるから、本件各配当の支払につき、法律上の債権債務関係は、債務者であるＧ社及びＪ社と、債権者である請求人が有している。

Ｂ　また、上記Ａのとおり、Ｌ管財人が行った本件各配当の決定や本件各配当の支払に係る事務は、Ｌ管財人がＧ社及びＪ社の取締役としての地位に基づき行ったものであり、この取締役としての地位はＬ管財人の有する請求人の破産管財人としての地位に基づくものである。

この点、破産管財人は、破産手続を適正かつ公平に遂行するために、破産者から独立した地位を与えられて、法令上定められた職務の遂行に当たる者であるから、Ｌ管財人は、請求人の破産手続上、請求人が保有していたＧ社及びＪ社の各株式の管理処分権を有し、本件各配当を受領する権限を有するが、破産手続上の職務の遂行として行うものにすぎない。そうすると、Ｌ管財人と請求人の関係は、本件各配当の支払において、法律上、直接の債権債

務関係に立たないものであることはもとより、これに準ずるような特に密接な関係にあるということもできない。

　　　また、G社及びJ社の取締役としてのL管財人は、G社及びJ社の執行機関にすぎないから、本件各配当の支払における請求人との関係については、法律上、直接の債権債務関係に立たないものであることはもとより、これに準ずるような特に密接な関係にあるということもできない。

　　　そうすると、L管財人は、破産管財人としての地位又はG社及びJ社の取締役としての地位のいずれにおいても、本件各配当の支払につき、請求人との間で、法律上、直接の債権債務関係に立つ本来の債務者ではないことはもとより、本来の債務者に準ずる関係にある者であるともいえないから、本件各配当の支払を受ける請求人との間で、本来の債務者又はこれに準ずるような特に密接な関係にあるということはできない。

C　　以上を踏まえると、L管財人は、本件各配当について所得税法第181条第1項に規定する「支払をする者」に該当しないというべきである。

　　　したがって、本件各配当が「国内において」支払われたか否かにかかわらず、L管財人は同項に規定する源泉徴収義務を負わない。

(ロ)　措置法第9条の2第2項について

　　　本件各配当につき、本来の支払を受けるべき者は請求人であるところ、L管財人は、上記1の(3)のハのとおり、請求人の破産管財人として請求人に帰属する本件各配当を受領し、これを破産債権者等に支払うべき地位にある者であり、これを請求人に支払うべき地位にある者ではないから、上記イの「配当等の受領の媒介、取次ぎ又は代理をする者」に該当せず、「支払の取扱者」に該当しない。

　　　したがって、L管財人は、本件各配当について措置法第9条の2第2項に規定する源泉徴収義務を負わない。

ハ　請求人の主張について

(イ)　請求人は、上記3の(2)の「請求人」欄のイのとおり、L管財人が、G社及びJ社の取締役に就任し、本件各配当に関する政策と実務を決定し、担当し、その資金管理や支払及び受領をした上、その原資の所在地も我が国であることから、L管財人が本件各配当について所得税法第181条第1項に規定する源泉徴

収義務を負う旨主張する。

　　しかしながら、請求人の主張する上記のような事情があったのだとしても、上記ロの(イ)のとおり、Ｌ管財人が本件各配当の支払につき、本来の債務者又はこれに準ずる関係にある者であるということはできない。そうすると、Ｌ管財人については、本件各配当の支払を受ける者である請求人と特に密接な関係があるとはいえず、同項に規定する「支払をする者」には該当しないというべきである。

(ロ)　請求人は、上記３の(2)の「請求人」欄のロのとおり、措置法施行令第４条の５第１項が規定する「配当等の受領の媒介、取次ぎ又は代理をする者」は、広く民法の範疇において捉えるべきであり、Ｌ管財人は、本件各配当の受領者側の便宜提供も行っているからこれに該当する旨主張する。

　　しかしながら、上記イの(ロ)で述べたことからすれば、業務として又は業務に関連して受領する配当等を本来の支払を受ける者に支払うべき地位にある者以外の者に「支払の取扱者」であるとして源泉徴収義務を負わせるべき根拠はないというべきである。

　　そうすると、請求人が主張するように、Ｌ管財人が本件各配当の支払に関与したことを「受領者側の便宜提供」と評価し得るのだとしても、上記ロの(ロ)のとおり、Ｌ管財人が本件各配当を請求人に支払うべき地位にある者とはいえない以上、Ｌ管財人は措置法第９条の２第１項に規定する「支払の取扱者」には該当しないから、同条第２項に規定する源泉徴収義務を負うことはない。

(ハ)　したがって、上記の請求人の各主張は、いずれも理由がない。

(3)　争点３（Ｌ管財人は本件各配当に係る所得の確定申告及び納付の義務を負うか否か。）について

イ　法令解釈

(イ)　所得税は、例外的に分離課税の認められる特殊な所得は別として、一暦年内における各個人の財産、事業、勤労等による各種の所得を総合一本化した個人の総所得金額について、個人的事由による諸控除を行った上、これに対応する累進税率の適用によって総合的な担税力に適合した課税を行うことを目的とした租税であって、所得源に応じて課税するようなことは、別段の定めのない限り、所得税法の予定しないところである。

したがって、個人である納税者が破産手続開始の決定を受け、その総所得金額が破産財団に属する財産による所得と自由財産による所得とに基づいて算定されるような場合においても、その課税の対象は、それらとは別個の破産者個人について存する上記の総所得金額という抽象的な金額であると解される。

(ロ) 上記(イ)のように、破産者個人の課税の対象は、破産者個人について存する上記の総所得金額という抽象的な金額であると解されるから、破産財団に属する財産による所得のみの確定申告及び納付の義務は生じ得ない。

また、破産法第78条第1項は、上記1の(2)のハの(ロ)のとおり規定し、破産財団に影響を及ぼす一切の行為をなす権限を破産管財人に与えているところ、自由財産による所得が合算された破産者個人の所得税の引当財産は自由財産であるから、破産管財人の管理処分権能は及ばず、このことは、個人である破産者の自由財産による所得が実際にあるか否かによって左右されるものではない。

(ハ) 以上からすれば、破産者個人の確定申告及び納付の義務を負う主体は、破産管財人ではなく、破産者個人であると解される。

ロ 検討

本件各配当は、L管財人の管理下にある破産財団に属するG社及びJ社の各株式についてなされたものであるところ、本件各配当に係る所得が請求人に帰属することについては、当事者間に争いがなく、当審判所も認めるところである。

そして、上記イで述べたことからすれば、本件各配当に係る所得については、当該所得源に応じて課税されるのではなく、破産者である請求人の自由財産による所得と合算して、請求人の令和2年分の所得税等として、請求人個人が確定申告を行い、自由財産から納付する義務を負うことになり、この確定申告及び納付の義務については、L管財人の管理処分権能は及ばない。

したがって、L管財人が破産法第78条第1項に規定する管理処分権能の一環として本件各配当に係る所得の確定申告及び納付の義務を負うことはなく、その他にL管財人が当該義務を負う法令上の根拠もないから、L管財人は本件各配当に係る所得の確定申告及び納付の義務を負わない。

ハ 請求人の主張について

請求人は、上記3の(3)の「請求人」欄のとおり、本件各配当に係る所得の納税義務の負担と納税は、L管財人が行った処分行為の結果として破産財団の直接の

減少をもたらすから、L管財人が行うべきである旨、並びに、破産法人の破産管財人には申告及び納付の義務があるものとされており、個人である破産者の破産管財人についても同様に解すべきである旨を指摘し、L管財人が本件各配当に係る所得の申告及び納付の義務を負う旨主張する。

しかしながら、上記ロのとおり、本件各配当に係る所得税等の納付は請求人の自由財産からなされるべきものであるから、その納付が破産財団に影響を及ぼすものではなく、この意味において、自由財産の保有を観念できる請求人の破産管財人であるL管財人と、自由財産の保有を観念できない破産法人の破産管財人とを同様に考えることはできない。

したがって、請求人の主張を採用することはできない。

(4) 本件決定処分の適法性について

上記(1)から(3)までのとおり、本件各配当に係る所得については、本件非課税所得に該当せず、L管財人の源泉徴収義務や確定申告及び納付の義務も認められない。これに基づいて請求人の令和2年分の所得税等の総所得金額及び納付すべき税額を計算すると、本件決定処分の額と同額となるから、本件決定処分は適法である。

なお、本件決定処分のその他の部分については、請求人は争わず、当審判所に提出された証拠資料等によっても、これを不相当とする理由は認められない。

(5) 本件賦課決定処分の適法性について

上記(4)のとおり、本件決定処分は適法であり、また、期限内申告書の提出がなかったことについて、通則法第66条《無申告加算税》第1項ただし書に規定する正当な理由があるとは認められない。

また、請求人は、令和2年12月31日において、その価額の合計額が5000万円を超える国外財産を有していたと認められるから、内国税の適正な課税の確保を図るための国外送金等に係る調書の提出等に関する法律（以下「国送法」という。）第5条《国外財産調書の提出》第1項本文に規定する国外財産調書の提出義務があったにもかかわらず、これを法定提出期限内に提出しなかったと認められる。

以上を前提に、請求人の令和2年分の無申告加算税の額を、通則法第66条第1項及び同条第2項並びに国送法第6条《国外財産に係る過少申告加算税又は無申告加算税の特例》第3項の規定に基づいて計算すると、本件賦課決定処分における無申告加算税の額と同額となる。

したがって、本件賦課決定処分は適法である。

(6) 結論

　　よって、審査請求は理由がないから、これを棄却することとする。

別表　審査請求に至る経緯（省略）

事例5 （（総則）必要経費　必要経費の算入時期　その他）

> 　貸金返済債務の遅延損害金支払債務は、弁済期を経過した日以後、日々経過するごとに必要経費に算入すべき金額が確定するとした事例（①平成28年分及び平成29年分の所得税及び復興特別所得税の各更正処分並びに過少申告加算税の各賦課決定処分、②平成30年分及び令和元年分の所得税及び復興特別所得税の各更正処分並びに過少申告加算税の各賦課決定処分・①一部取消し、②棄却・令和5年3月23日裁決）
>
> 《ポイント》
> 　本事例は、貸金返還債務が約定に従って弁済されない場合に生じる遅延損害金支払債務は、遅滞が生じた日以後、日々経過するごとに所得税基本通達37−2《必要経費に算入すべき費用の債務確定の判定》が定める要件の全てを満たすものと解するのが相当であり、約定に従った弁済がなされない日からその元本の弁済がされる日までの日数に応じて、約定に従った弁済がなされない貸金返還債務の金額に約定で定められた遅延損害金利率を乗じて計算した金額が、その年に債務が確定した遅延損害金支払債務の金額となるとした事例である。

《要旨》
　請求人は、貸金返還債務の遅延損害金支払債務は、その弁済の時期や金額等の借主と貸主との合意内容によってその確定時期が左右され、分割払の合意がされた場合は、所得税基本通達37−2の2《損害賠償金の必要経費算入の時期》の注書や法人税基本通達2−1−43《損害賠償金等の帰属の時期》の趣旨に基づき、遅延損害金の必要経費算入時期は、支払った日の属する年となることから、未払遅延損害金の分割払の合意に基づき支払った金額は、当該年分の不動産所得の金額の計算上必要経費に算入すべき金額である旨主張する。
　しかしながら、貸金返還債務の遅延損害金支払債務は、①その本質が債務不履行（履行遅滞）に基づく損害賠償債務であるから、債務自体は弁済期を経過した時点で成立するものの、②その元本の弁済がされるまで遅滞が積み重なることで日々給付の金額が増加することから、各日ごとに具体的な給付をすべき原因となる事実が発生しており、③遅延損害金利率と弁済期からの経過日数によりその金額が算出することができるから、

遅滞が生じた日以後、日々経過するごとに所得税基本通達37－2《必要経費に算入すべ
き費用の債務確定の判定》の要件を全て満たすと解するのが相当である。したがって、
約定に従った弁済がなされない日からその元本の弁済がされる日までの日数に応じて、
約定に従った弁済がなされない貸金返還債務の金額に約定で定められた遅延損害金利率
を乗じて計算した金額が、その年に債務が確定した遅延損害金支払債務の金額となり、
当該年分の不動産所得の金額の計算上必要経費に算入すべき金額となるのであって、過
年分に発生した遅延損害金支払債務について、弁済時期等の合意がされても、その確定
時期は左右されず、弁済した年分の必要経費に算入することはできない。

《参照条文等》

　所得税法第26条第1項、第37条第1項

　所得税基本通達37－2

（令和5年3月23日裁決）

《裁決書（抄）》

1　事　実

(1)　事案の概要

　　本件は、審査請求人（以下「請求人」という。）が不動産所得の金額の計算上必要経費に算入した貸金返還債務の遅延損害金の額について、原処分庁が、必要経費に算入できる遅延損害金は、貸金返還債務の履行を遅滞していた日が当該各年分に属する遅延損害金に限られ、遅滞していた日が過年分に属する日に係る遅延損害金については必要経費に算入できないとして更正処分等をしたのに対し、請求人が、本件の遅延損害金は分割払の合意をしているから支払った日の属する年分の必要経費に算入すべきであるとして、原処分の一部の取消しを求めた事案である。

(2)　関係法令等

　イ　所得税法第26条《不動産所得》第1項は、不動産所得とは、不動産の貸付けによる所得をいう旨規定し、同条第2項は、不動産所得の金額は、その年中の不動産所得に係る総収入金額から必要経費を控除した金額とする旨規定している。

　ロ　所得税法第37条《必要経費》第1項は、その年分の不動産所得の金額の計算上必要経費に算入すべき金額は、別段の定めがあるものを除き、これらの所得の総収入金額に係る売上原価その他当該総収入金額を得るため直接に要した費用の額及びその年における販売費、一般管理費その他当該所得を生ずべき業務について生じた費用（償却費以外の費用でその年において債務の確定しないものを除く。）の額とする旨規定している。

　ハ　所得税基本通達37-2《必要経費に算入すべき費用の債務確定の判定》は、所得税法第37条の規定によりその年分の不動産所得の金額の計算上必要経費に算入すべき償却費以外の費用で、その年において債務が確定しているものとは、別段の定めがあるものを除き、次に掲げる要件の全てに該当するものとする旨定めている。

　　(イ)　その年12月31日（年の中途において死亡し又は出国をした場合には、その死亡又は出国の時。以下この項において同じ。）までに当該費用に係る債務が成立していること。

　　(ロ)　その年12月31日までに当該債務に基づいて具体的な給付をすべき原因となる

— 75 —

事実が発生していること。

(ハ) その年12月31日までにその金額を合理的に算定することができるものであること。

(3) 基礎事実

当審判所の調査及び審理の結果によれば、以下の事実が認められる。

イ 請求人の不動産所得について

請求人は、自身が所有する建物において、医師としてJ病院を開業して医業に従事し、昭和59年には医療設備、病床等を増設するなどして病院として使用する建物等を拡大したが、平成4年に医療法人社団Kを設立し、その後、当該医療法人にJ病院を引き継がせ、当該建物等を当該医療法人に賃貸している。

ロ 上記イの請求人の賃貸業務に係る借入れの状況等について

(イ) L公庫からの借入れの状況等

A 請求人は、昭和59年2月2日、L公庫（現独立行政法人M機構、以下「M機構」という。）から、300,000,000円を次の約定で借り入れた（以下、当該契約を「M機構貸金契約」といい、M機構貸金契約により生じた貸金返還債務を「M機構元本債務」という。）。

(A) 弁済期　昭和78年12月10日

(B) 利　息　年○.○％

(C) 損害金　年○.○％

B 請求人は、平成25年8月20日、M機構との間で、M機構の請求人に対する貸金請求権について、要旨、次の約定の契約（以下「第一次契約」という。）を締結した。

(A) M機構元本債務の残額は29,540,000円であり、M機構元本債務に対する年○.○％の割合の利息を、毎月末日限り、別表1の「約定元本」欄及び「約定利息」欄のとおり弁済する。ただし、約定利息は平成25年8月20日から平成30年1月31日まで棚上げ（残元本に対して当該約定どおりの利息債権を発生させるが、当該利息債権に対する弁済は、指定期日まで猶予することをいう。以下同じ。）とし、同年2月から同年3月までの毎月の各末日限り、別表1の「棚上利息」欄のとおり弁済する。

(B) M機構貸金契約により生じた利息支払債務（以下「M機構利息債務」と

いう。）の残額は82,629,592円であり、これを毎月末日限り、別表１の「未
払利息」欄のとおり弁済する。

(C) M機構元本債務に対する遅延損害金支払債務（以下「M機構遅延損害金
債務」という。）の残額は539,301,681円であり、このうち、209,495,863円を、
毎月末日限り、別表１の「未払遅延損害金」欄のとおり弁済する。

(D) なお、第一次契約に係る契約書には、M機構の請求人に対する貸金請求
権について「償還期限並びに元金の償還方法及び利息等の支払方法に係る
変更契約を締結した」旨の記載がある。

C　請求人は、平成28年５月20日、M機構との間で、M機構の請求人に対する
貸金請求権について、要旨、次の約定で契約（以下「第二次契約」という。）
を締結した。

(A) M機構元本債務の残額は29,540,000円であり、M機構元本債務に対する
年○.○％の割合の利息を、毎月末日限り、別表２の「約定元本」欄及び
「約定利息」欄のとおり弁済する。ただし、約定利息は平成28年５月31日
から平成31年５月31日まで棚上げとし、同年４月から同年６月までの毎月
の各末日限り、別表２の「棚上利息」欄のとおり弁済する。

(B) M機構利息債務の残額は59,540,617円であり、これを毎月末日限り、別
表２の「未払利息」欄のとおり弁済する。

(C) M機構遅延損害金債務の残額は94,055,863円であり、これを毎月末日限り、
別表２の「未払遅延損害金」欄のとおり弁済する。

(D) なお、第二次契約に係る契約書には、M機構の請求人に対する貸金請求
権について「償還期限並びに元金の償還方法及び利息等の支払方法に係る
変更契約を締結した」旨の記載がある。

D　請求人は、平成29年４月24日、M機構との間で、M機構の請求人に対する
貸金請求権について、要旨、次の約定で契約（以下「第三次契約」という。）
を締結した。

(A) M機構元本債務の残額は29,540,000円であり、M機構元本債務に対する
年○.○％の割合の利息を、毎月末日限り、別表３の「約定元本」欄及び
「約定利息」欄のとおり弁済する。ただし、約定利息は平成29年４月30日
から平成32年２月29日まで棚上げとし、同年３月から同年４月までの毎月

の各末日限り、別表３の「棚上利息」欄のとおり弁済する。

　(B)　M機構利息債務の残額は43,153,996円であり、これを毎月末日限り、別表３の「未払利息」欄のとおり弁済する。

　(C)　M機構遅延損害金債務の残額は394,897,196円であり、このうち65,091,378円を、毎月末日限り、別表３の「未払遅延損害金」欄のとおり弁済する。

　(D)　なお、第三次契約に係る契約書には、M機構の請求人に対する貸金請求権について「償還期限並びに元金の償還方法及び利息等の支払方法に係る変更契約を締結した」旨の記載がある。

　E　請求人は、平成28年１月から令和元年８月までの間、M機構に対し、M機構元本債務、M機構利息債務及びM機構遅延損害金債務（以下、これらを併せて「M機構各債務」という。）を、別表４のとおり弁済した。

　F　M機構は、請求人に対し、令和元年９月から令和２年１月までの間、M機構各債務の弁済を猶予した。

　(ロ)　Q金庫からの借入れの状況等

　A　請求人は、昭和58年８月31日、Q金庫（以下「Q金庫」という。）から、２回に分けて合計620,000,000円を、いずれも次の約定で借り入れた（以下、当該各契約を「N貸金契約」といい、N貸金契約により生じた貸金返還債務を「N元本債務」という。）。

　(A)　弁済期　昭和78年７月31日

　(B)　利　息　年○.○％

　(C)　損害金　年○.○％

　B　Q金庫は、平成21年９月28日、N元本債務に係る債権及びN元本債務の遅延損害金支払請求権（以下、当該遅延損害金支払請求権に係る債務を「N遅延損害金債務」といい、N元本債務と併せて「N各債務」という。）をN社（日本で事業を行っていた当時の社名。）へ譲渡し、N社は、令和２年７月30日、N元本債務の遅延損害金支払請求権（N元本債務は完済している。）をP社に譲渡した。

(4)　審査請求に至る経緯

　イ　請求人は、平成28年分、平成29年分、平成30年分及び令和元年分（以下、これらを併せて「本件各年分」という。）の所得税及び復興特別所得税（以下「所得

税等」という。）について、各確定申告書に別表5の「確定申告」欄のとおり記載して、いずれも法定申告期限までに申告した。

なお、各確定申告書に添付して提出した本件各年分の所得税青色申告決算書（不動産所得用）には、要旨、別表6のとおり記載されていた。

ロ　原処分庁は、令和4年2月25日付で、N遅延損害金債務及びM機構遅延損害金債務（以下、これらを併せて「本件各遅延損害金債務」という。）の金額のうち、本件各年分の不動産所得の金額の計算上必要経費に算入すべき金額は別表7の付表の「①本件各遅延損害金債務」欄のとおりであり、本件各年分の不動産所得の金額は別表7のとおりであるなどとして、別表5の「更正処分等」欄のとおり、本件各年分の所得税等の各更正処分及び過少申告加算税の各賦課決定処分をした。

ハ　請求人は、これらの処分を不服として、令和4年4月26日に再調査の請求をした。

ニ　再調査審理庁は、令和4年7月1日付で別表5の「再調査決定」欄のとおり平成29年分の所得税等の更正処分及び本件各年分の過少申告加算税の各賦課決定処分については、いずれもその一部を取り消し、その他の各処分については、いずれも棄却する旨の再調査決定をした（以下、本件各年分の所得税等の各更正処分（平成29年分の所得税等の更正処分については、令和4年7月1日付でその一部が取り消された後のもの）を「本件各更正処分」といい、本件各年分の過少申告加算税の各賦課決定処分（令和4年7月1日付でその一部が取り消された後のもの）を「本件各賦課決定処分」という。）。

なお、再調査決定において、別表5の本件各年分の「不動産所得の金額」欄の「更正処分等」欄及び「再調査決定」欄のとおり、本件各年分の不動産所得の金額に変動は生じていない。

ホ　請求人は、再調査決定を経た後の原処分に不服があるとして、令和4年8月3日に審査請求をした。

2　争　点

　本件各年分の不動産所得の金額の計算上必要経費に算入すべき本件各遅延損害金債務の金額はいくらか。

3　争点についての主張

原処分庁	請求人
(1) 貸金返還債務の遅延損害金支払債務の金額は、借主が当該貸金返還債務の弁済を遅滞した場合に、その延滞日数に応じて当該貸金返還債務に遅延損害金に係る利率を乗じて計算するものであることからすれば、遅延損害金は、借主が貸金返還債務の弁済を遅滞した後、当該貸金返還債務が弁済されるまで日々発生し、発生と同時に弁済期日が到来することから、その遅滞の発生した日をもって遅延損害金支払債務が確定する。 　なお、所得税基本通達37－2の2《損害賠償金の必要経費算入の時期》の注書は、金額が未確定である損害賠償債務を年金として支払う場合について定めたものであり、貸金返還債務の遅延損害金支払債務には適用されない。 (2) M機構元本債務については、平成28年から令和元年にかけて、弁済を遅滞した事実はないから、平成28年から令和元年にかけて新たに発生したM機構遅延損害金債務はない。 　したがって、請求人の本件各年分の不動産所得の金額の計算上必要経費に算入すべきM機構遅延損害金債務の金額はいずれも零円となる。	(1) 貸金返還債務の弁済を遅滞したとしても、当該貸金返還債務の遅延損害金支払債務は日々確定するものではない。遅延損害金支払債務は、消滅時効の援用の有無や、支払総額、支払時期、充当関係など借主と貸主との間の合意内容により、債務が確定する時期が左右される。 　そして、かかる合意が遅延損害金の分割払の合意であるときは、所得税基本通達37－2の2の注書の趣旨から、遅延損害金の必要経費算入時期は、支払った日の属する年とすべきである。 　このように解することは、法人が遅延損害金の支払を受けた場合に当該支払日の属する事業年度の益金に算入することを認める取扱い（法人税基本通達2－1－43《損害賠償金等の帰属の時期》）とも整合するものである。 (2) M機構貸金契約については、第一次契約、第二次契約及び第三次契約により、当該各契約当時生じていた未払遅延損害金の支払総額や支払時期、充当関係などについて定めた上、分割払とする旨を合意しており、当該各契約は準消費貸借契約であり、その性質は更改契約であるから、当該各契約の締結日に新しい債務が発生し、当該各契約で定めた支払時期に確定したといえる。そして、当該分割払

の合意に基づき支払われたM機構遅延損害金債務は以下の金額であるから、本件各年分の不動産所得の金額の計算上必要経費に算入すべきM機構遅延損害金債務の金額は、以下のとおりとなる。

イ　平成28年分34,825,080円

ロ　平成29年分20,346,963円

ハ　平成30年分23,091,135円

ニ　令和元年分16,837,288円

(3)　N元本債務は、その支払を遅滞したものの平成28年中に完済した。したがって、平成28年中においては、N元本債務の弁済を遅滞しており、新たに発生して確定したN遅延損害金債務の金額は834,748円である一方で、平成29年分以降の年分については、N元本債務の弁済を遅滞したことはなく、新たに発生して確定したN遅延損害金債務の金額は零円となる。

　　したがって、請求人の本件各年分の不動産所得の金額の計算上必要経費に算入すべきN遅延損害金債務の金額は、平成28年分が834,748円となり、平成29年分以降の年分はいずれも零円となる。

(3)　N貸金契約については、平成21年10月頃、請求人とN社との間で、N遅延損害金債務の支払総額などを合意しており、かかる合意に基づき定められた支払時期に債務が確定したといえる。そして、当該合意ではN遅延損害金債務について毎月20万円の分割払の合意（平成29年1月に一部繰上弁済及び毎月の弁済を10万円に変更する合意）をしており、当該分割払の合意に基づき平成28年から令和元年にかけて支払われたN遅延損害金債務の金額は、以下の各金額であるから、本件各年分の不動産所得の金額の計算上必要経費に算入すべきN遅延損害金債務の金額は、以下のとおりとなる。

イ　平成28年分2,400,000円

ロ　平成29年分3,898,114円

ハ　平成30年分1,200,000円

ニ　令和元年分1,200,000円

4　当審判所の判断

(1) 法令解釈

　所得税法第37条第１項は、必要経費に算入すべき費用の範囲及びその費用の額を
どのような段階で控除するかという課税上の年分帰属について、その通則を規定し
たものであり、必要経費の範囲に例示を加えて示すとともに、費用の計上時期につ
いては減価償却費を除き、その債務の確定の日をもってその計上時期としており、
いわゆる債務確定主義を採用しているものと解される。

　また、「債務確定主義」について、所得税基本通達37－２は、必要経費に算入す
べき償却費以外の費用で、その年において債務が確定しているものとは、別段の定
めがあるものを除き、いずれもその年12月31日までに①当該費用に係る債務が成立
していること、②当該債務に基づいて具体的な給付をすべき原因となる事実が発生
していること及び③その金額を合理的に算出することができるものであることとい
う要件の全てに該当するものとする旨定めているところ、この取扱いは、必要経費
に算入すべき費用について、債務が確定しているか否かを判断する上での具体的な
基準を示したものであり、当審判所においても相当と認められる。

　そして、貸金返還債務が約定に従って弁済されない場合に生じる遅延損害金支払
債務は、①その本質が債務不履行（履行遅滞）に基づく損害賠償債務であるから、
債務自体は弁済期を経過した時点で成立するものの、②その元本の弁済がされるま
で遅滞が積み重なることで日々給付の金額が増加することから、各日ごとに具体的
な給付をすべき原因となる事実が発生しており、③遅延損害金利率と弁済期からの
経過日数によりその金額が算出することができるから、各日ごとにその金額を合理
的に算出することができる。

　そうすると、貸金返還債務が約定に従って弁済されない場合に生じる遅延損害金
支払債務は、遅滞が生じた日以後、日々経過するごとに上記所得税基本通達37－２
が定める①から③までの要件の全てを満たすものと解するのが相当であり、約定に
従った弁済がなされない日（その日の属する年がその年の前年以前の場合には、そ
の年の１月１日）からその元本の弁済がされる日（その年の12月31日までに弁済さ
れない場合には、その年の12月31日）までの日数に応じて、約定に従った弁済がな
されない貸金返還債務の金額に約定で定められた遅延損害金利率を乗じて計算した
金額が、その年に債務が確定した遅延損害金支払債務の金額となる。

(2) 本件各遅延損害金債務の検討

イ　M機構遅延損害金債務について

　　M機構遅延損害金債務についてみると、上記１の(3)のロの(イ)のＡからＤまでの
とおり、請求人及びM機構は、M機構貸金契約、第一次契約、第二次契約及び第
三次契約を順次締結しているところ、第一次契約、第二次契約及び第三次契約は、
いずれも、同Ｂの(C)及び(D)、同Ｃの(C)及び(D)並びに同Ｄの(C)及び(D)のとおり、そ
れまでに生じていたM機構遅延損害金債務の残額を確認した上で、M機構遅延損
害金債務を含めたM機構各債務の弁済期及び弁済額を変更するものにすぎないか
ら、M機構各債務を消滅させて新たな債務を発生させる更改契約ではなく、M機
構貸金契約の変更契約であると認められる。そうすると、請求人が平成28年から
令和元年にかけて支払ったM機構遅延損害金債務は、第一次契約、第二次契約及
び第三次契約によって新たに発生した債務ではなく、当初のM機構元本債務の弁
済を遅滞したことによって平成27年中までに生じて確定した遅延損害金支払債務
にほかならない。

　　そして、上記１の(3)のロの(イ)のＢからＦまでのとおり、請求人は、適時にM機
構各債務の弁済期及び弁済額に係る変更契約を締結し、また、M機構から弁済の
猶予を受けており、その結果、平成28年から令和元年までの期間には、M機構元
本債務が約定に従って弁済されないという事実が生じていないのであるから、当
該各年中に請求人がM機構元本債務の支払を遅滞したことはなく、当該各年中に
生じて確定したM機構遅延損害金債務は存在しない。

　　したがって、本件各年分の不動産所得の金額の計算上必要経費に算入すべきM
機構遅延損害金債務の金額は、いずれも零円である。

ロ　N遅延損害金債務について

　　N遅延損害金債務については、平成28年から令和元年までの期間に約定に従っ
て弁済されなかったN元本債務及びその金額によることとなるから、以下検討す
る。

(イ)　認定事実

　　請求人提出資料、原処分関係資料並びに当審判所の調査及び審理の結果によ
れば、次の事実が認められる。

Ａ　平成21年７月24日のQ金庫によるN元本債務の連帯保証人に係る預金債権
と相殺した後のN元本債務の残額は90,601,886円であった。

B　平成21年9月28日のQ金庫からN社へ譲渡された時点のN元本債務の残額は88,601,886円であった。

C　N社代理人弁護士を作成名義とする請求人宛の平成26年6月6日付の「ご連絡」と題する書面（以下「本件連絡書面」という。）には、平成26年5月21日の分割金の弁済を反映させた同日時点のN元本債務の残額が31,301,886円、N遅延損害金債務の残額が1,071,890,246円である旨記載されている。

D　P社がN社から引き継いで保管していた「平成26年4月30日残高」と題する表（以下「本件残高表」という。）には、同日時点のN元本債務の残額が31,301,000円、N遅延損害金債務の残額が1,071,890,000円である旨、その後N遅延損害金債務に対する弁済が毎回200,000円ずつ予定されているが、その後のN遅延損害金債務の予想残額はいずれも1,000円未満の端数がある金額が記載されている。

E　請求人は、平成26年5月以降、N社に対し、N元本債務について毎月1,000,000円（完済月は残元本全額）を弁済した。なお、請求人は、平成26年4月以前も、Q金庫又はN社に対し、N元本債務の残元本について毎月1,000,000円を弁済していたと認識している。

F　請求人のN元本債務の平成28年1月から平成29年1月までの弁済日は、平成28年1月22日、同年2月22日、同年3月23日、同年4月21日、同年5月23日、同年6月22日、同年7月21日、同年8月23日、同年9月20日、同年10月21日、同年11月24日、同年12月21日及び平成29年1月6日であった。

(ロ)　検討

A　本件連絡書面は、上記(イ)のCのとおり、その作成名義はN社の委任を受けた代理人弁護士が作成したものであり、N社と利害が対立する関係にある債務者である請求人に対して送付された書面であるから、N社の認識を正確に示したものである蓋然性が高い。また、上記(イ)のAのとおり、N元本債務の平成21年7月24日時点の残額は90,601,886円、同Bのとおり、同年9月28日時点の残額は88,601,886円であったが、同Eのとおり、請求人は、平成26年4月以前も、N元本債務について毎月1,000,000円を弁済していたと認識しており、かかる請求人の認識を前提とした弁済状況に基づいた平成26年5月分の分割金の弁済後のN元本債務の残額は31,601,886円となり、本件連絡書面

の残額とは300,000円異なるが、10,000円未満の端数が完全に一致する。

　そうすると、本件連絡書面は本件残高表に比して信用性が高いといえるから、N元本債務の平成26年5月分の分割金の弁済後の残額は本件連絡書面によって判断すべきであり、その残額は31,301,886円である。そして、上記(イ)のEのとおり、請求人は、N元本債務について、平成26年6月以降毎月1,000,000円を弁済していたのであるから、N元本債務は、別表8の「元本残高（充当前）」欄のとおり、平成28年中及び平成29年1月6日の入金までは消滅していない。そして、N社が請求人にN元本債務について弁済を猶予したことをうかがわせる事実は認められないから、請求人は、平成28年中のみならず、平成29年中においても、N元本債務の履行を遅滞したこととなる。

B　この点、本件残高表の記載に基づけば、平成26年5月分の分割金の弁済後のN元本債務は30,301,000円となるはずであり、原処分庁も、N元本債務がこの金額であることを前提として平成28年分及び平成29年分の所得税等の各更正処分をしている。

　しかし、上記(イ)のDのとおり、本件残高表は、P社がN社から引き継いだN社作成の表にすぎないし、P社自身も、本件残高表の正確性を裏付ける、N貸金契約の内容や平成26年5月以前のN各債務の弁済状況を示す資料を有していない。そのうえ、上記(イ)のDのとおり、本件残高表によれば、平成26年4月30日時点のN各債務の残額がいずれも1,000円未満の端数がない金額となっているが、N貸金契約における利息及び遅延損害金利率が年利で定められており（上記1の(3)のロの(ロ)のA）、日割り計算をしなければならない毎月の分割金の場合1,000円未満の端数が生じるのが通常であること、本件残高表も平成26年5月分以降のN遅延損害金債務の残額がいずれも1,000円未満の端数がある金額を記載していることからすれば、平成26年4月分の分割金の弁済後のN各債務の金額は1,000円未満の端数が生じている可能性が極めて高い。

　したがって、本件残高表の平成26年4月30日時点のN各債務の残額は、端数を省略していることがうかがわれ、正確な金額を記載したものとは認められないから、これを採用できない。

(ハ)　そうすると、本件各年分の不動産所得の金額の計算上必要経費に算入すべき

Ｎ　遅延損害金債務の金額は、別表８の「元本残高（充当前）」欄の金額に、同

　　　表の「遅延損害金利率」欄（上記１の(3)のロの(ロ)のＡの(C)）及び「日数」欄

　　　（上記(イ)のＦ）の数値を乗じ、これを年の日数（365日）で除した金額の各合計

　　　であり、平成28年分は○○○○円、平成29年分は○○○○円、平成30年分以降

　　　はいずれも零円となる。

　ハ　小括

　　　以上のことから、本件各年分の不動産所得の金額の計算上必要経費に算入すべ

　　き本件各遅延損害金（審判所認定額）は、別表９の付表の「①本件各遅延損害金

　　債務」欄のとおりである。

(3)　請求人の主張について

　　　請求人は、上記３の「請求人」欄のとおり、遅延損害金支払債務は、消滅時効の

　　援用の有無や、支払総額、支払時期、充当関係など借主と貸主との間の合意内容に

　　債務が確定する時期が左右され、それが分割払の合意であるときは、所得税基本通

　　達37－２の２の注書や法人税基本通達２－１－43の趣旨から、遅延損害金の必要経

　　費算入時期は、支払った日の属する年となることを前提に、Ｍ機構及びＮ社との間

　　の未払遅延損害金の分割払の合意に基づき実際に支払った金額は、本件各年分の不

　　動産所得の金額の計算上必要経費に算入すべきである旨主張する。

　　　しかしながら、貸金返還債務の遅延損害金支払債務は、その元本の弁済がされる

　　まで各日ごとに具体的な給付をすべき原因となる事実が発生し、債務が確定するこ

　　とは上記(1)のとおりであり、既に発生した遅延損害金支払債務について、消滅時効

　　の援用の有無にかかわらず、また、借主と貸主との間で支払総額や支払時期、充当

　　関係などを合意したとしても、債務の確定時期が左右されることはないから、請求

　　人の主張はその前提を欠く。

　　　なお、所得税基本通達37－２の２の注書は、損害賠償金を年金として支払う場合

　　には支払日の属する年分の必要経費に算入する旨定めるが、そもそも同通達37－２

　　の２は、賠償すべき金額が確定しないために債務が確定していない場合に申出額の

　　必要経費への算入を許容したものであるから、同通達の注書も既に債務が確定して

　　いる損害賠償金を分割払とする場合は対象としていないと解するのが相当である。

　　　また、法人税基本通達２－１－43は、損害賠償金の支払を受ける法人について、

　　その損害賠償金の益金の算入時期について実際に支払を受けた日の属する事業年度

とすることを許容したものにすぎず、損害賠償金を支払う側の損金の算入時期に当然に影響を及ぼすものではないし、益金の算入時期について現金主義的処理を原則的な取扱いと定めたものでもないから、所得税法における遅延損害金の必要経費の算入時期の解釈に影響を及ぼすものではない。

したがって、請求人の主張には理由がない。

(4)　本件各更正処分の適法性について

本件各年分の不動産所得の金額の計算上必要経費に算入すべき本件各遅延損害金債務の金額は上記(2)のハのとおりであり、本件各年分の不動産所得の金額は別表9のとおりであるから、これを前提に本件各年分の納付すべき税額を計算すると、平成30年分及び令和元年分は原処分の金額といずれも同額となるが、平成28年分及び平成29年分は、原処分の金額をいずれも下回る。

したがって、本件各更正処分のうち、平成30年分及び令和元年分の所得税等の各更正処分はいずれも適法であるが、平成28年分及び平成29年分の所得税等の各更正処分はいずれもその一部を別紙1及び別紙2の「取消額等計算書」のとおり取り消すべきである。

なお、本件各更正処分のその他の部分については、請求人は争わず、当審判所に提出された証拠資料等によっても、これを不相当とする理由は認められない。

(5)　本件各賦課決定処分の適法性について

上記(4)のとおり、本件各更正処分のうち平成30年分及び令和元年分の所得税等の各更正処分はいずれも適法であるが、平成28年分及び平成29年分の所得税等の各更正処分はいずれもその一部を取り消すべきであり、平成28年分及び平成29年分の各賦課決定処分の基礎となる税額は、それぞれ○○○○円及び○○○○円となる。

また、これらの税額の計算の基礎となった事実が本件各更正処分前の税額の計算の基礎とされていなかったことについては、国税通則法第65条《過少申告加算税》第4項に規定する正当な理由があるとは認められない。

そして、平成28年分の過少申告加算税の額については○○○○円となり、平成28年分の過少申告加算税の賦課決定処分の金額を下回るから、当該賦課決定処分はその一部を別紙1の「取消額等計算書」のとおり取り消すべきである。一方で、平成29年分、平成30年分及び令和元年分の各過少申告加算税の額については、当審判所においても過少申告加算税の各賦課決定処分の金額といずれも同額となるから、当

該各賦課決定処分は適法である。

(6) 結論

よって、審査請求には理由があるから、原処分の一部を取り消すこととする。

別表1　第一次契約弁済表（省略）

別表2　第二次契約弁済表（省略）

別表3　第三次契約弁済表（省略）

別表4　M機構各債務の弁済充当の内容（省略）

別表5　審査請求に至る経緯（省略）

別表6　本件各年分の所得税青色申告決算書（不動産所得用）の記載内容（省略）

別表7　本件各年分の不動産所得の金額（原処分庁認定額）（省略）

別表8　本件各年分の不動産所得の金額の計算上必要経費に算入すべきN損害遅延損害
　　　金債務の金額（省略）

別表9　本件各年分の不動産所得の金額（審判所認定額）（省略）

別紙1及び2　取消額等計算書（省略）

事例6 （扶養控除）

　　確定申告において国外居住親族に係る扶養控除の適用を受ける場合には、法令に規定する書類の添付等をする必要があるとした事例（①平成28年分から令和２年分までの所得税及び復興特別所得税の各更正処分並びに過少申告加算税の各賦課決定処分、②平成29年分の所得税及び復興特別所得税に係る還付金の充当処分・棄却・令和５年３月14日裁決）

《ポイント》

　本事例は、確定申告において国外に居住する親族について扶養控除の適用を受ける場合には、「国外居住親族の生活費又は教育費に充てるための支払を必要の都度、各人に行ったことを明らかにするもの」の添付等をする必要があるとしたものである。

《要旨》

　請求人は、所得税法施行令第262条《確定申告書に関する書類等の提出又は提示》第３項第２号に規定する送金関係書類の添付等は、所得税法第84条《扶養控除》第１項に規定する扶養控除の適用要件ではなく、国外に居住する親族が所得税法所定の扶養親族であることの立証がなされているのであれば扶養控除の適用がある旨主張する。

　しかしながら、国外に居住する親族について扶養控除を適用するためには、法令に規定する書類の添付等をする必要があるところ、請求人から提出された書類はこれに該当しない。また、その記載内容を踏まえても、当該書類は、所得税法施行規則第47条の２《確定所得申告書に添付すべき書類等》第６項に規定する「国外居住親族の生活費又は教育費に充てるための支払を必要の都度、各人に行ったことを明らかにするもの」であるとは言い難い。したがって、扶養控除の適用はない。

《参照条文等》

　国税通則法第57条第１項

　所得税法第２条第１項第34号、第34号の２、第34号の３及び第34号の４、第84条第１項、第120条第３項第２号

　所得税法施行令第262条第３項

所得税法施行規則第47条の 2 第 6 項

《参考判決・裁決》

平成23年 4 月18日裁決（裁決事例集 No.83）

広島高裁昭和61年 8 月28日判決（税資153号581頁）

大阪高裁平成10年 7 月31日判決（税資237号971頁）

最高裁昭和62年10月30日第三小法廷判決（民集152号93頁）

（令和 5 年 3 月14日裁決）

《裁決書（抄）》

1 事　実

(1)　事案の概要

　　本件は、審査請求人（以下「請求人」という。）が、国外に居住する親族に係る扶養控除を適用して所得税等の確定申告をしたところ、原処分庁が、当該親族が請求人と生計を一にすることを明らかにする書類の添付がないから、扶養控除を適用できないとして更正処分等をしたのに対し、請求人がその一部の取消しを求めた事案である。

(2)　関係法令

　イ　国税通則法関係

　　　国税通則法（以下「通則法」という。）第57条《充当》第 1 項は、税務署長は、還付金がある場合において、その還付を受けるべき者につき納付すべきこととなっている国税があるときは、通則法第56条《還付》第 1 項の規定による還付に代えて、還付金をその国税に充当しなければならない旨、通則法第57条第 3 項は、税務署長は、同条第 1 項の規定による充当をしたときは、その旨をその充当に係る国税を納付すべき者に通知しなければならない旨それぞれ規定している。

　ロ　所得税法関係

　　(イ)　所得税法（平成28年分及び平成29年分については、平成29年法律第 4 号による改正前のものであり、平成30年分及び令和元年分については、平成30年法律第 7 号による改正前のものであり、令和 2 年分については、令和 2 年法律第 8 号による改正前のもの。以下同じ。）第 2 条《定義》第 1 項第34号は、扶養親族とは、居住者の親族（その居住者の配偶者を除く。）でその居住者と生計を一にするもののうち、合計所得金額が48万円以下（令和元年分以前については38万円以下。）である者をいう旨規定し、同項第34号の 2 は、控除対象扶養親族とは、扶養親族のうち、年齢16歳以上の者をいう旨規定し、同項第34号の 3 は、特定扶養親族とは、控除対象扶養親族のうち、年齢19歳以上23歳未満の者をいう旨規定し、同項第34号の 4 は、老人扶養親族とは、控除対象扶養親族のうち、年齢70歳以上の者をいう旨規定している。

　　(ロ)　所得税法第84条《扶養控除》第 1 項は、居住者が控除対象扶養親族を有する

場合には、その居住者のその年分の総所得金額から、その控除対象扶養親族１
人につき38万円（その者が特定扶養親族である場合には63万円とし、その者が
老人扶養親族である場合には48万円とする。）を控除する旨規定している。

(ハ) 所得税法第120条《確定所得申告》第３項柱書及び同項第２号は、確定申告
書に、同法第２条第１項第５号に規定する非居住者である親族に係る扶養控除
に関する事項の記載をする居住者が確定申告書を提出する場合には、当該居住
者は、政令で定めるところにより、当該扶養控除に係る非居住者である親族が
当該居住者の親族に該当する旨を証する書類及び当該非居住者である親族が当
該居住者と生計を一にすることを明らかにする書類を確定申告書に添付し、又
は確定申告書の提出の際提示しなければならない旨規定している。また、所得
税法第122条《還付等を受けるための申告》第３項は、同法第120条第３項の規
定は、還付を受けるための申告書の提出について準用する旨規定している。

(ニ) 所得税法施行令（平成28年分及び平成29年分については、平成28年政令第
145号による改正前のものであり、平成30年分及び令和元年分については、平
成31年政令第95号による改正前のものであり、令和２年分については、令和２
年政令第111号による改正前のもの。以下同じ。）第262条《確定申告書に関す
る書類等の提出又は提示》第３項（平成28年分及び平成29年分は第２項。以下
同じ。）柱書は、所得税法第120条第３項第２号（同法第122条第３項において
準用される場合を含む（上記(ハ)参照）。）に掲げる居住者は、同号に規定する記
載がされる親族に係る次に掲げる書類を、当該記載がされる控除対象扶養親族
（以下「国外居住扶養親族」という。）の各人別に確定申告書に添付し、又は当
該申告書の提出の際提示しなければならない旨規定している。

A 国外居住扶養親族が当該居住者の配偶者以外の親族に該当する旨を証する
書類として財務省令に定めるもの（第１号ハ。以下「親族関係書類」とい
う。）

B 国外居住扶養親族が当該居住者と生計を一にすることを明らかにする書類
として財務省令で定めるもの（第２号。以下「送金関係書類」という。）

(ホ) 所得税法施行規則（平成28年分及び平成29年分については、平成28年財務省
令第15号による改正前のものであり、平成30年分ないし令和２年分については、
令和２年財務省令第11号による改正前のもの。以下同じ。）第47条の２《確定

所得申告書に添付すべき書類等》第６項（平成28年分及び平成29年分は第５項。以下同じ。）は、所得税法施行令第262条第３項第２号の送金関係書類は、次に掲げる書類であって、所得税法第120条第３項第２号に掲げる居住者がその年において国外居住扶養親族の生活費又は教育費に充てるための支払を必要の都度、各人に行ったことを明らかにするもの（当該書類が外国語で作成されている場合には、その翻訳文を含む。）とする旨規定している。

A　内国税の適正な課税の確保を図るための国外送金等に係る調書の提出等に関する法律（以下「国送法」という。）第２条《定義》第３号に規定する金融機関の書類又はその写しで、当該金融機関が行う為替取引によって当該居住者から当該国外居住扶養親族に支払をしたことを明らかにするもの（第１号）

B　クレジットカード等購入あっせん業者の書類又はその写しで、クレジットカード等を当該国外居住扶養親族が提示し又は通知して、特定の販売業者から商品又は権利を購入等したことにより支払うこととなる当該商品又は権利の代金に相当する額の金銭を当該居住者から受領し、又は受領することとなることを明らかにするもの（第２号）

ハ　国送法関係

㈠　国送法第２条第３号は、金融機関とは、銀行その他の政令で定める金融機関をいう旨規定している。

㈡　内国税の適正な課税の確保を図るための国外送金等に係る調書の提出等に関する法律施行令（以下「国送法施行令」という。）第２条《金融機関の範囲》柱書は、国送法第２条第３号に規定する政令で定める金融機関（以下「国送金金融機関」という。）は、次に掲げるものとする旨規定している。

A　銀行法第２条《定義等》に規定する銀行、長期信用銀行法第２条《定義》に規定する長期信用銀行、信用金庫、信用金庫連合会、労働金庫、労働金庫連合会、信用協同組合及び中小企業等協同組合法第９条の９《協同組合連合会》第１項第１号の事業を行う協同組合連合会（第１号）

B　業として貯金の受入れをすることができる農業協同組合、農業協同組合連合会、漁業協同組合、漁業協同組合連合会、水産加工業協同組合及び水産加工業協同組合連合会（第２号）

C 日本銀行、農林中央金庫、株式会社商工組合中央金庫、株式会社日本政策投資銀行及び株式会社国際協力銀行（第3号）

D 資金決済に関する法律第2条《定義》第3項に規定する資金移動業者（第4号）

ニ 銀行法関係

(イ) 銀行法第2条第1項は、この法律において「銀行」とは、同法第4条《営業の免許》第1項の内閣総理大臣の免許を受けて銀行業を営む者をいう旨規定し、同法第2条第2項は、この法律において「銀行業」とは、次に掲げる行為のいずれかを行う営業をいう旨を規定している。

A 預金又は定期積金の受入れと資金の貸付け又は手形の割引とを併せ行うこと。（第1号）

B 為替取引を行うこと。（第2号）

(ロ) 銀行法第4条第1項は、銀行業は、内閣総理大臣の免許を受けた者でなければ、営むことができないと規定している。

(3) 基礎事実及び審査請求に至る経緯

当審判所の調査及び審理の結果によれば、以下の事実が認められる。

イ 請求人は、平成28年分、平成29年分、平成30年分、令和元年分及び令和2年分（以下、これらを併せて「本件各年分」という。）の所得税及び復興特別所得税（以下「所得税等」という。）について、各確定申告書（以下「本件各確定申告書」という。）に別表1の「確定申告」欄のとおり記載していずれも法定申告期限までに申告した。

ロ 本件各確定申告書には、支払先を請求人が代表取締役を務める内国法人のH社（以下「本件法人」という。）、「控除対象扶養親族の数」欄を空欄とする本件各年分の給与所得の源泉徴収票がそれぞれ添付されていた。

ハ 本件各確定申告書には、別表2のとおり、日本国及びイラン・イスラム共和国（以下「イラン国」という。）に居住する請求人の親族が所得税法第84条に規定する扶養控除の対象になるとして、その一覧を記載した書面が添付されていた（以下、別表2記載の者を「本件対象者ら」といい、個々の本件対象者らをそれぞれ「本件対象者1」ないし「本件対象者41」という。）。

ニ 請求人が送金関係書類として原処分庁へ提出した書類は次のとおりである。

㈣ 「Official Translation Inter-bank Electronic Payment Order Form」と題する書面（以下「本件各インターバンク支払指示書翻訳文」という。）

本件各インターバンク支払指示書翻訳文は、同様の表題の書面等複数通からなるものであり、「J Bank」の表記とともに、英文にて要旨、イラン国内にある「J Bank」の請求人の口座から、別表3の「本件各インターバンク支払指示書翻訳文」欄のとおり、令和2年12月21日頃に、同表記載の本件対象者らの口座に、それぞれ1回ずつ、150,000,000又は200,000,000イラン・リアルを振替（transfer）する旨の記載がされている。

㈡ 「Official Translation Logo J Bank（Public Joint Stock）」と題する書面（以下「本件ロゴ指示書翻訳文」という。）

本件ロゴ指示書翻訳文には、英訳にて要旨、請求人及び本件対象者32が、令和2年12月23日頃に、別表3の「本件ロゴ指示書翻訳文」欄のとおり、イラン国内にある「J Bank」の本件対象者32の口座に、200,000,000イラン・リアルを預金（deposit）した旨の記載がされている。

㈢ 本件対象者らの現金受取書（以下「本件現金受取書」という。）

本件対象者2の親族関係書類には、外国語の表記の下に日本語で「私、Kは、弟Fの金300万円を2017年7月14日に、Lより受け取りました。」と記載がされている。

ホ 「J Bank」は、日本国の法令に基づき免許・許可・登録等を受けている銀行又は資金移動業者として、金融庁の設置するホームページに記載されている「銀行免許一覧（都市銀行・信託銀行・その他）」、「銀行免許一覧（外国銀行支店）」、「銀行免許一覧（地方銀行）」、「銀行免許一覧（第二地方銀行）」及び「資金移動業者登録一覧」のいずれの一覧表にも記載されていなかった。

ヘ 原処分庁所属の担当職員に請求人が申述した内容を記した原処分庁作成の調査報告書には、要旨次のとおり記載されていた。

㈠ 令和3年9月1日付（同年8月24日申述）

A 本件対象者36については、平成28年以降、請求人が代表者を務める本件法人で勤務しており、請求人が扶養はしていない。一方で、本件対象者36一家のうち同人以外の者については、請求人が扶養している。

B ①本件対象者19は平成26年に、②本件対象者26は平成30年に、③本件対象

者34は令和3年に、④本件対象者36は平成26年に、いずれも来日している。また、本件対象者19及び本件対象者26については、請求人が学費を負担している。

C　本件対象者らのうち、本件対象者19、本件対象者26、本件対象者34及び本件対象者36を除く者らについては、いずれもイラン国に居住している。

D　日本国が行っているイラン国への経済制裁の影響で、日本国の財務省がイラン国への国外送金を禁止したため、国送金金融機関を利用した送金が一切できていない。イラン国への送金は、親族などがイラン国へ帰国する際に現金を渡しイラン国に持ち込ませる方法、又はイラン国内に請求人が有する口座から親族の口座へ振り込む方法により行っている。

(ロ)　令和3年10月4日付（同年9月28日申述）

A　本件対象者19について

(A)　平成26年9月から平成31年3月までM大学に在籍し、同年4月から本件法人に勤務している。

(B)　来日して本件法人で勤務するまでの生活費は、金額、支給日とも不定で、銀行を通さず、請求人が直接現金で手渡す方法により負担していた。

B　本件対象者26について

(A)　平成30年9月から令和2年3月までM大学に在籍し、同年4月から現在に至るまで学校法人Nに在校している。

(B)　来日して現在に至るまでの生活費は、金額、支給日とも不定で、銀行を通さず、請求人が直接現金で手渡す方法により負担していた。

ト　原処分庁は、本件各年分の請求人の所得税等の計算上、平成28年分ないし平成30年分の本件対象者19及び平成30年分ないし令和2年分の本件対象者26を除く本件対象者らに扶養控除の適用はないとして、令和3年12月24日付で、別表1の「更正処分等」欄のとおり、本件各年分の所得税等の各更正処分（以下「本件各更正処分」という。）及び過少申告加算税の各賦課決定処分（以下「本件各賦課決定処分」といい、本件各更正処分と併せ「本件各更正処分等」という。）をした。

チ　また、原処分庁は、令和4年1月13日付で、通則法第57条第1項の規定に基づき、請求人の平成29年分の所得税等の確定申告において生じた、還付金の額に相

当する税額○○○○円（以下「本件還付金」という。）を別表4記載の請求人の本件各更正処分等に係る未納国税（以下「本件国税」という。）に充当し（以下、この充当を「本件充当処分」という。）、同条第3項に基づき、同日付の「国税還付金充当等通知書」により、その旨を請求人に通知した。

リ　請求人は、令和4年3月18日、上記ト及びチの各処分に不服があるとして、審査請求をした。

　　なお、請求人は、本審査請求において、本件対象者らのうち、本件各更正処分等により原処分庁が上記トのとおり扶養控除の適用があるとした者以外に、次を除く親族には、本件各年分の所得税等の計算上、扶養控除の適用がある旨主張している（以下、請求人が本審査請求において扶養控除の適用がある旨主張している当該親族を「本件国外居住親族」という。）。

(イ)　本件各年分における、本件対象者7、本件対象者9、本件対象者15及び本件対象者36

(ロ)　平成28年分ないし平成30年分における、本件対象者30及び本件対象者37

(ハ)　令和元年分及び令和2年分における、本件対象者19及び本件対象者38

(ニ)　平成29年分ないし令和2年分における本件対象者28

(ホ)　平成29年分及び平成30年分における本件対象者27

(ヘ)　平成28年分における本件対象者29

(ト)　令和2年分における本件対象者34

ヌ　請求人が送金関係書類として本審査請求において提出した書類は次のとおりであり、これらの書類に記載されている内容は要旨以下のとおりである。

(イ)　P銀行○○支店の請求人名義の口座番号○○○○の普通預金口座（以下「本件預金口座」という。）の通帳の写し（以下「本件預金通帳」という。）

　　A　取引日が平成28年5月2日から同年7月29日までの本件預金通帳には、①同年6月1日に本件預金口座から300万円の「引出し」の記録がされ、その横に「イランの家族に送金」と手書きの記載がされ、また、②同年7月21日に本件預金口座から300万円の「引出し」の記録がされ、その横に「イランの家族に送金」と手書きの記載がされている。

　　B　取引日が平成30年7月26日から同年8月29日までの本件預金通帳には、同年8月29日に本件預金口座から300万円の「引出し」の記録とともに、その

下に「イランへの家族送金　生活費と入院費として。（ガン治療）　Ｆから甥のＱ（本件対象者19）に　金300万円を持って行くことに。Ｆ　銀行送金出来ない為手渡」と手書きの記載及び「○○○○○」の押印がされている。

C　取引日が平成30年10月18日から同年12月25日までの本件預金通帳には、同年11月22日に本件預金口座から100万円の「引出し」の記録とともに、その横に「イランの弟へ生活費として渡す」と手書きの記載が、また、本件預金通帳の枠外に「30年11月22日　Ｆから弟Ｒ（本件対象者38）へ生活費として本人に渡しました（日本滞在時に渡す）」と手書きの記載及び「○○○○○」の押印がされている。

D　取引日が平成31年３月18日から令和元年５月７日までの本件預金通帳には、平成31年４月９日に本件預金口座から50万円の「ATM（○○○○）」の記録とともに、その横に「イランの家族へ送金」と手書きの記載がされている。

E　取引日が令和元年５月13日の本件預金通帳には、同日に本件預金口座から150万円の「引出し」の記録とともに、その下に「2,000,000円を家族に。Ｆより姉のＳ（本件対象者32）に生活費として渡す。R-元年５月13日　Ｆ」と手書きの記載及び「○○○○○」の押印がされている。

㈣　税関申告書の写し（以下「本件税関申告書」という。）

A　本件対象者ら以外の者である「Ｔ」が国外へ3,000,000円を持ち出す旨申告し、平成29年２月９日付でU税関支署の押印がされている。

B　本件対象者19が国外へ3,000,000円を持ち出す旨申告し、平成30年８月29日付でU税関支署の押印がされている。

C　本件対象者38が国外へ1,000,000円を持ち出す旨申告し、平成30年11月24日付でU税関支署の押印がされている。

㈢　「公文書日本語訳文　イランイスラム共和国　司法権　国家文書・不動産登記庁　公文書」と題し、「証書の書類：宣誓供述書（非金融）」と記載のある複数通の書面（以下「本件各宣誓供述書」といい、上記ニ、㈣及び㈢の各書類と併せて「本件請求人提出書類」という。）

本件各宣誓供述書は、別表３の「本件各宣誓供述書」欄のとおり、ｄ市の公証人役場への登録日ごとに本件対象者らを供述者として作成され、本件対象者らが、要旨、平成22年から癌の化学療法、心臓病、糖尿病、手術、関節炎とリ

ウマチの医療費と治療費、健康、食料品、家賃などの賃貸住宅に係る費用、教育費の援助として、様々な方法で、請求人から経済的支援を受けていることを公証人に供述した旨が記載されている。

2　争　点

⑴　本件各更正処分に信義誠実の原則又は租税公平主義に反する違法があるか否か（争点１）。

⑵　本件各年分の請求人の所得税等の計算上、本件国外居住親族に係る扶養控除の適用があるか否か（争点２）。

⑶　本件充当処分は適法か否か（争点３）。

3　争点についての主張

⑴　争点１（本件各更正処分に信義誠実の原則又は租税公平主義に反する違法があるか否か。）について

請求人	原処分庁
以下のことから、本件各更正処分には、信義誠実の原則及び租税公平主義に反する違法がある。 イ　信義誠実の原則について 　⑷　請求人は、確定申告をするに当たり、原処分庁に税務相談をし、平成28年分申告において税務署から何らの調査、指摘又は指導も受けなかったことから、平成29年分以降の確定申告においても、国外居住親族に係る扶養控除を適用した。	以下のことから、本件各更正処分には、信義誠実の原則及び租税公平主義に反する違法はない。 イ　信義誠実の原則について 　⑷　平成28年分の所得税等の確定申告に当たり、請求人が税務相談でのやり取りをした事実や、税務相談に応じた職員がどのような内容の指導を行ったかという事実は明らかでなく、また、請求人による税務相談があったことを裏付ける証拠の提出もないことから、請求人の主張する税務相談が行われたとする具体的事実を認めることができない。仮に請求人の主張を前提としても、税務相談における税務職員の指導・助言は、

納税者に対して一応の参考意見を示すにすぎず、最終的にどのような納税申告をすべきかは納税義務者の判断と責任に委ねられているというべきである。

(ロ) 原処分庁担当者は、令和2年12月10日、請求人に対し、イラン国内銀行を利用しイラン国の親族へ振込みを行えば扶養控除を受けることができる旨説明をしたが、同月14日、請求人に対し、電話にて、上記振込みで利用する銀行については、内閣総理大臣の免許を受けた金融機関であることが要件となる旨伝え、請求人の了承を得た。

また、請求人は、原処分庁担当者宛に、令和3年4月15日付で、「令和2年12月14日に原処分庁担当者から連絡を頂き、指示がありました扶養親族について。」と記載のある文書を提出しており、当該文書に添付されていた「外国銀行代理銀行認可・届出一覧」と題する書面には、「イランと取引のある総理大臣が認めたバンク　12月14日原処分庁担当者より教えていただいた。」と手書きの記載があったから、請求人が扶養控除の適用のためには内閣総理大臣の免許を受けている銀行からの送

(ロ) 令和2年分の確定申告については、原処分庁担当者が、令和2年12月10日、請求人に対し、イラン国内銀行におけるイラン国内送金でも扶養控除を受けることができるとの指示・指導をした。

請求人は、上記指示・指導に関し、12月14日に原処分庁担当者から電話で、イラン国内銀行での送金では扶養控除の適用が受けられない旨の訂正の指摘を受けておらず、内閣総理大臣の免許を受けたV銀行を利用した海外送金もできるのではないかと示唆を受けたにとどまる。この示唆を受けて、請求人は、V銀行への海外送金ができるか金融機関に問い合わせたところ、明確な回答がなかったため、その旨を原処分庁担当者に報告し、イラン国内銀行での送金をすることを伝えたところ、原処分庁担当者から、同銀行による送金で構わない旨の回答を受けた。

そこで、請求人は、12月23日に、請求人名義のイラン国内銀行の預金

原処分庁	請求人
口座から各親族の預金口座に送金をした。 　以上のとおり、原処分庁は、イラン国内銀行での送金によって扶養控除の適用があるとの態度を一貫して示していた。	金であることを要する旨を理解していたと認められる。 　したがって、請求人は、送金関係書類に係る送金に利用する金融機関については内閣総理大臣の免許を受けていることが要件となる旨の指導を受けた上で、自らの判断でイラン国内の銀行を利用し、同国内の親族に送金したと認められることから、信義誠実の原則に関する請求人の主張は前提を欠くものである。
ロ　租税公平主義について 　送金関係書類を提出せずに扶養控除の適用を課税庁に認められている者は多数存在すると思われるので、本件各更正処分は、請求人のみを狙い撃ちにしたものであり、租税公平主義に反し違法である。	ロ　租税公平主義について 　請求人以外の者において、送金関係書類を提出せずに扶養控除の適用を受けている者がいたとしても、請求人に対する本件各更正処分が法の規定に従って行われている以上、租税公平主義に反する違法はない。

(2)　争点2（本件各年分の請求人の所得税等の計算上、本件国外居住親族に係る扶養控除の適用があるか否か。）について

原処分庁	請求人
以下イないしハの理由により、本件各年分の請求人の所得税等の計算上、本件国外居住親族に係る扶養控除の適用はない。したがって、請求人の本件各年分の扶養控除の対象者は請求人が日本国内で扶養している者になり、扶養控除の合計金額は、平成28年分が38万円、平成29年	以下イないしハの理由により、本件各年分の請求人の所得税等の計算上、本件国外居住親族に係る扶養控除の適用がある。したがって、請求人の本件各年分の扶養控除の合計額は、原処分庁が主張する日本国内で扶養している者に加え、本件国外居住親族に係る別表5の扶養控除

分が38万円、平成30年分が76万円、令和元年分が38万円及び令和2年分が38万円である。

イ　非居住者である親族に係る扶養控除の適用に当たっては、納税者において、当該親族が納税者の親族であること及び生計を一にすることを確認できる書類の添付等によって証しなければならないことは明らかであるところ、本件国外居住親族については、納税者の親族であること及び生計を一にすることを証することが一般に困難であると思料されることを踏まえても、少なくとも、所得税法施行規則所定の親族関係書類により本件国外居住親族が納税者の配偶者以外の親族に該当すること、また、送金関係書類により国外居住親族の生活費又は教育費に充てられるための支払を必要の都度、各人に行ったことがそれぞれ明らかにされなければならないものと解されている。

ロ　本件各確定申告書には、本件国外居

の合計額を加えるべきである。

イ　所得税法上の扶養控除を受けるための適用要件は、申告に係る国外居住扶養親族が、居住者の親族（配偶者を除く。）でその居住者と生計を一にするもののうち、合計所得金額が38万円以下である者に該当することであって、親族関係書類及び送金関係書類の添付又は提示は要件該当性を立証するための資料として求められているにすぎず、添付又は提示すること自体が扶養控除の適用要件とはいえない。

　したがって、本件国外居住親族が所得税法所定の扶養親族であることの立証がなされているのであれば、扶養控除は適法性が確保され、その適用が排斥されるものでないと解すべきである。

　また、生計を一にすることの判断においては、送金の事実が生計同一の重要な評価根拠となるから、送金関係書類については、その提出を求められているのみで、当該送金関係書類に記載のある送金が一体いかなる目的・性質のものであるかなどは一切問われていない。

ロ　日本国の銀行からイラン国の銀行へ

原処分庁	請求人
住親族に係る送金関係書類の添付又は提出がなかったから、本件国外居住親族が請求人と生計を一にすることが明らかにされたとはいえない。	の海外送金については、イラン国への経済制裁による制限があるため、請求人はイラン国内の銀行に海外送金することはできず、送金関係書類を提出できなかったのであり、そもそも送金関係書類の提出が困難となる事情があっても、一律扶養控除の適用を否認することになるのは、極めて不当である。
ハ　本件各年分について、請求人が提出した本件各インターバンク支払指示書翻訳文、本件各宣誓供述書等は、国送法施行令第2条が規定する金融機関の書類又は写しに該当しないことから、請求人による本件各インターバンク支払指示書翻訳文等の提出をもって、請求人が送金関係書類を添付又は提示したとはいえず、本件国外居住親族が請求人と生計を一にすることが明らかにされたとはいえない。	ハ　本件各年分について、請求人は、イラン国内にある銀行発行に係る送金明細書である本件各インターバンク支払指示書翻訳文などの送金関係書類に代替する資料を提出しており、請求人がイラン国居住の親族を扶養している実態は明らかなのであるから、扶養控除の実体的要件は満たすというべきである。

(3)　争点3（本件充当処分は適法か否か。）について

原処分庁	請求人
上記(2)のとおり、請求人の本件各年分の所得税等の計算上、本件国外居住親族に係る扶養控除の適用がないから、本件各更正処分等は適法であり、本件各更正処分等に係る未納国税があったから、本件充当処分は適法である。	上記(2)のとおり、請求人の本件各年分の所得税等の計算上、本件国外居住親族に係る扶養控除が適用されるべきであり、本件各更正処分等は取り消されるべき違法があるので、本件充当処分も同様に違法である。

4　当審判所の判断

⑴ 争点 1 （本件各更正処分に信義誠実の原則又は租税公平主義に反する違法があるか否か。）について

イ　信義誠実の原則について

　　㋑　認定事実

　　　　請求人提出資料、原処分関係資料並びに当審判所の調査及び審理の結果によれば、以下の事実が認められる。

　　　A　原処分庁所属の担当職員は、令和 2 年12月10日、請求人に対し、イラン国の銀行からイラン国にいる請求人の親族へ振込みをした書類が、国外居住親族に係る送金関係書類となる旨を伝えた。

　　　B　原処分庁所属の担当職員は、令和 2 年12月14日、請求人に対し、電話で、送金関係書類に係る国送金金融機関は内閣総理大臣の免許を受けた銀行に限られる旨を伝え、また、同月15日には、送金関係書類に係る国送金金融機関の要件を満たす外国銀行として、V 銀行があることを伝えた。

　　　C　請求人は、令和 3 年 4 月15日付で作成した原処分庁所属の担当職員宛の書類を同担当職員に提出した。同書類には、上記 A 及び B の経緯等が記載されているほか、令和 2 年12月16日の出来事として、請求人が V 銀行に電話で聞いたところ、口座の開設及び送金はできない旨を伝えられたこと、請求人が確認したところ、V 銀行はイラン国から撤退しており送金ができない状態になっていること、請求人が上記 A の教示によりイラン国内銀行の請求人の口座から親族に振込みをしたことなどが記載されている。

　　㋺　法令解釈

　　　　租税法規に適合する課税処分について、法の一般原理である信義則の法理の適用により、右課税処分を違法なものとして取り消すことができる場合があるとしても、法律による行政の原理なかんずく租税法律主義の原則が貫かれるべき租税法律関係においては、右法理の適用については慎重でなければならず、租税法規の適用における納税者間の平等、公平という要請を犠牲にしてもなお当該課税処分に係る課税を免れしめて納税者の信頼を保護しなければ正義に反するといえるような特別の事情が存する場合に、初めて右法理の適用の是非を考えるべきものである。そして、右特別の事情が存するかどうかの判断に当っては、少なくとも、税務官庁が納税者に対し信頼の対象となる公的見解を表

示したことにより、納税者がその表示を信頼しその信頼に基づいて行動したところ、後に右表示に反する課税処分が行われ、そのために納税者が経済的不利益を受けることになったものであるかどうか、また、納税者が税務官庁の右表示を信頼しその信頼に基づいて行動したことについて納税者の責めに帰すべき事由がないかどうかという点の考慮は不可欠のものであるといわなければならない（最高裁昭和62年10月30日第三小法廷判決・集民152号93頁参照）。

(ハ)　検討

　上記１の(2)のロの(ニ)のとおり、平成28年分以降、国外居住親族に係る扶養控除の適用をする場合には、親族関係書類及び送金関係書類を控除対象扶養親族の各人別に確定申告書に添付し、又は当該申告書の提出の際提示しなければならない旨規定されたところ、原処分庁所属の担当職員が請求人に対し、平成28年分ないし令和２年分の確定申告に当たって、国外居住親族に係る扶養控除の適用をする場合に添付又は提示を要する書類に関し、上記規定とは異なる誤った見解を表示し、請求人がその誤った見解を信頼して本件各年分に係る所得税等の確定申告をしたと認めるに足りる証拠はない。

　すなわち、請求人の平成28年分ないし令和元年分の所得税等の確定申告に関して言えば、そもそも、原処分庁所属の担当職員が請求人に対し、上記規定に関して何らかの見解を表示した事実を認めるに足りる証拠がない。

　また、請求人の令和２年分の確定申告について言えば、上記(イ)のとおり、原処分庁所属の担当職員が請求人に対し、一旦は上記規定とは異なり、送金関係書類に該当しない書類の添付又は提示をもって国外居住親族に係る扶養控除が適用できる旨の誤った教示をしたものの、その４日後には、上記教示を訂正し、上記規定に沿って、送金関係書類は資金移動業者を含む国送金金融機関の書類でなければならない旨の誤りのない教示をしている。そして、請求人は、上記規定に沿った誤りのない教示を受けながら、同教示を受けてから７ないし12日後になって、国送金金融機関には該当しないイラン国内銀行を利用したイラン国内送金をして、同送金によって作成された本件各インターバンク支払指示書翻訳文を令和２年分の確定申告書に添付したのであって、請求人が原処分庁所属の担当職員の誤った見解を信頼して令和２年分に係る所得税等の確定申告書に本件各インターバンク支払指示書翻訳文を添付したわけではなかった。

以上からすれば、原処分庁所属の担当職員の誤った見解の表示がされ、請求人がその誤った見解を信頼したことで国外居住親族に係る扶養控除の適用をし、あるいは、送金関係書類に該当しない書類を添付したとは認められないから、本件各更正処分に信義誠実の原則に反する違法はない。

㈡　請求人の主張について

A　請求人は、上記３の(1)の「請求人」欄のイの(イ)のとおり、平成28年分の確定申告をするに当たって税務相談をし、国外居住親族に係る扶養控除の適用をして確定申告をしたが税務署から何ら調査、指摘又は指導を受けなかった旨主張している。

　　しかしながら、そもそも、請求人が平成28年分の確定申告に当たって税務相談をした事実を認めるに足りる証拠はない上、請求人の主張によっても、その税務相談等において、国外居住親族に係る扶養控除の適用に関して何らかの誤った見解の表示があった旨をいうものでもないから、請求人の平成28年分ないし令和元年分の所得税等の確定申告に関し、信義則の法理を適用すべき特別の事情となり得る点は見当たらないというべきである。

　　したがって、請求人の主張に理由はない。

B　請求人は、上記３の(1)の「請求人」欄のイの(ロ)のとおり、令和２年分の確定申告に当たって、原処分庁所属の担当職員からは、内閣総理大臣の免許を受けたＶ銀行を利用した海外送金もできるのではないかと示唆を受けたにとどまり、金融機関に問い合わせても明確な回答がなかった旨を同担当職員に報告し、イラン国内銀行での送金をすることを伝えたところ、同担当職員から、同銀行による送金で構わない旨の回答を受けたことから、本件各インターバンク支払指示書翻訳文に係る送金をした旨主張する。

　　しかしながら、請求人自身が作成した上記(イ)のＣの書類においても、原処分庁所属の担当職員が同Ａ記載の誤った教示を同Ｂのとおり訂正した後に、更に同Ａの誤った教示に沿った送金をもって国外居住親族に係る扶養控除が適用できる旨の教示がされたことを示す記載はない。

　　また、上記(イ)の経緯からすれば、原処分庁所属の担当職員が同Ａの教示が誤っていたことに気付き、同Ｂのとおり訂正しておきながら、その後、同Ａの教示が誤っていたことに気付きつつ、更に同Ａの誤った教示に沿った送金

で「構わない」旨を請求人に伝えるとは考え難いというべきある。

　　そうすると、原処分庁所属の担当職員の誤った教示により請求人が本件各インターバンク支払指示書翻訳文に係る送金をしたとは認められないから、請求人の主張に理由はない。

ロ　租税公平主義について

　(イ)　課税の平等とは、「課税の根拠となる法を適用すべき者に対しては等しく適用すべし」とすることであって、仮に法の適用を免れる者があったとしても、そのことを理由に、他の者に対して法を正しく適用することができなくなるわけではなく、また、法を正しく適用することが課税の平等に反することにはならないことも明らかというべきである。

　(ロ)　これを本件各更正処分についてみると、そもそも、請求人以外の者が送金関係書類を確定申告書に添付又は提示せずに国外居住親族に係る扶養控除の適用を受けていることを示す証拠は見当たらない。

　　また、仮に、請求人が上記３の(1)の「請求人」欄のロのとおり主張するように、送金関係書類の添付又は提示をせずに国外居住親族に係る扶養控除の適用を受けた者がいるのだとしても、上記(イ)で述べたことからすれば、請求人の主張する事情をもって直ちに、所得税法の規定を正しく適用してされた本件各更正処分が租税公平主義に反し違法となるということはできない。

　　したがって、本件各更正処分に租税公平主義に反する違法はない。

(2)　争点２（本件各年分の請求人の所得税等の計算上、本件国外居住親族に係る扶養控除の適用があるか否か。）について

イ　検討

　(イ)　上記１の(2)のロの(ハ)のとおり、所得税法第120条第３項柱書及び同項第２号並びに同法第122条第３項は、確定申告書に、非居住者である親族に係る扶養控除に関する事項の記載をする居住者が当該申告書を提出する場合には、政令で定めるところにより、同控除に係る非居住者である親族が当該居住者の親族に該当する旨を証する書類及び当該非居住者である親族が当該居住者と生計を一にすることを明らかにする書類を当該申告書に添付する旨規定している。そして、所得税法施行規則第47条の２第６項は、上記１の(2)のロの(ニ)のＢ及び(ホ)のとおり、送金関係書類は、①国送金金融機関の書類又はその写しで、当該国

送金金融機関が行う為替取引によって当該居住者から当該国外居住親族に支払をしたことを明らかにするもの、又は、②クレジットカード等購入あっせん業者の書類又はその写しで同項第2号に規定する内容のもののいずれかであって、確定申告書を提出する居住者がその年において国外居住扶養親族の生活費又は教育費に充てるための支払を必要の都度、各人に行ったことを明らかにするものと規定している。

上記法令の趣旨は、国内に居住している扶養親族については、市町村長等と国税当局との連携により扶養控除の要件を満たしているかの確認を税務署において行うことができる一方で、国外居住扶養親族については事実確認や実態把握が容易であるとはいえない状況にあることを踏まえ、国外に居住している親族に係る扶養控除の適用を受ける際には、確定申告書等に法令で定められた親族関係書類及び送金関係書類の添付又は提示を義務付けるものである。

したがって、国外居住親族が所得税法第84条に規定する扶養控除の対象者となるためには、親族関係書類及び送金関係書類を確定申告書に添付しなければならない。

㈪ そこで、本件請求人提出書類が送金関係書類に該当するか否か検討すると、①本件各インターバンク支払指示書翻訳文は、上記1の(3)のニの(イ)のとおり、請求人がイラン国内に有する口座から本件対象者らの一部の口座に振替をした旨が記載された書類、②本件ロゴ指示書翻訳文は、同㈪のとおり、請求人が本件対象者32のイラン国内にある口座に預金をした旨が記載された書類、③本件現金受取書は、同㈨のとおり、本件対象者2が請求人の300万円を受け取った旨が記載された書類、④本件預金通帳は、上記1の(3)のヌの(イ)のとおり、請求人が本件預金口座から現金を引き出し、「イランの家族」に送金した旨並びに本件対象者19、本件対象者32及び本件対象者38に交付した旨が記載された書類、⑤本件税関申告書は、同㈪のとおり、本件対象者19、本件対象者38及び本件対象者ら以外の者である「T」が国外へ現金を持ち出す旨が記載された書類、⑥本件各宣誓供述書は、同㈨のとおり、本件対象者らの一部の者が、平成22年以降、請求人から経済的支援を受けていると供述した旨が記載された書類である。しかしながら、いずれの書類も、所得税法施行規則第47条の2第6項第1号に規定する国送金金融機関が行う為替取引によって当該居住者から当該国外居住

親族に支払をしたことを明らかにする書類又はその写しには該当せず、同項第
2号に規定するクレジットカード等購入あっせん業者の書類又はその写しに
も該当しない。

(ハ)　そうすると、本件請求人提出書類は、所得税法施行規則第47条の2第6項各
号のいずれにも該当しないから、送金関係書類には該当しない。

　　　また、本件請求人提出書類は、上記(ロ)の①ないし⑥の内容が記載されたもの
であるところ、その記載内容を踏まえても、所得税法施行規則第47条の2第6
項柱書に規定する「国外居住扶養親族の生活費又は教育費に充てるための支払
を必要の都度、各人に行ったことを明らかにするもの」（上記1の(2)のロの(ホ)）
であるとは言い難い。

　　　加えて、本件請求人提出書類のほか、当審判所の調査によっても、ほかに請
求人が本件国外居住親族と生計を一にすることを明らかにする書類の存在を認
めるに足る証拠も見当たらない。

　　　以上からすれば、本件各年分の請求人の所得税等の計算上、本件国外居住親
族に係る扶養控除の適用はない。

ロ　請求人の主張について

　　請求人は、上記3の(2)の「請求人」欄のとおり、親族関係書類及び送金関係書
類は、扶養控除の要件該当性を立証するための書類であり、添付又は提示するこ
と自体が扶養控除の適用要件になっているわけでなく、扶養親族であることの立
証が別の方法によりなされ、同控除の適法性が確保されるのであれば、同控除の
適用が排斥されるものでないと解すべきである旨主張した上で、本件請求人提出
書類を提出しており、送金関係書類を提出できなかったことをもって、扶養控除
の適用を否認すべきではない旨主張する。

　　しかしながら、上記イの(イ)のとおり、所得税法等において、国外に居住してい
る親族に係る扶養控除の適用を受けるためには、送金関係書類の添付等を必要と
する旨規定しており、その例外を認める法令の規定もないから、送金関係書類に
は該当しない本件請求人提出書類の添付等をもって本件国外居住親族に係る扶養
控除の適用を受けることはできない。

　　また、請求人の主張を踏まえて検討しても、本件請求人提出書類は、上記イの
(ロ)のとおり、請求人が本件対象者らのうちの一部の者に対して、イラン国内で振

込みをし、あるいは、現金を交付するなどした旨などが記載された書類にすぎず、請求人と本件国外居住親族が同一の生活共同体に属し、日常生活の資を共通にしているとは認められないから、これをもって、居住者である請求人が国外にいる親族である本件国外居住親族と生計を一にすることが明らかになっているということもできない。

　　　したがって、請求人の主張に理由はない。

(3)　争点3（本件充当処分は適法か否か。）について

　　　請求人は、争点3について、上記3の(3)の「請求人」欄のとおり、本件各年分の請求人の所得税等の計算上、本件国外居住親族に係る扶養控除の適用があることを前提に、本件各更正処分等が取り消されるべき違法があるので、本件充当処分も同様に違法である旨主張する。

　　　しかしながら、上記(2)のとおり、本件各年分の請求人の所得税等の計算上、本件国外居住親族に係る扶養控除の適用はなく、本件充当処分には請求人の主張する違法事由はない。

　　　また、本件充当処分のその他の部分については、後記(6)のとおり、これを不相当とする理由は認められず、本件充当処分は適法である。

(4)　本件各更正処分の適法性について

　　　以上のとおり、本件各年分の所得税等の計算上、本件国外居住親族に係る扶養控除の適用はなく、これに基づき本件各年分の納付すべき税額を算定すると、いずれも、本件各更正処分の金額と同額となる。また、本件各更正処分のその他の部分については、請求人は争わず、当審判所に提出された証拠書類等によっても、これを不相当とする理由は認められない。

　　　したがって、本件各更正処分はいずれも適法である。

(5)　本件各賦課決定処分の適法性について

　　　上記(4)のとおり、本件各更正処分はいずれも適法であり、また、納付すべき税額の計算の基礎となった事実が更正前の計算の基礎とされていなかったことについて、通則法第65条《過少申告加算税》第4項に規定する正当な理由があると認められない。そして、本件各年分の過少申告加算税の額については、計算の基礎となる事実及び計算方法を争わず、当審判所においても、本件各年分の過少申告加算税の額は、本件各賦課決定処分の金額といずれも同額となると認められる。

したがって、本件各賦課決定処分はいずれも適法である。

(6)　本件充当処分について

　　請求人には、上記１の(3)のチ並びに上記(4)及び(5)のとおり、本件充当処分のとき
　において、本件還付金及び本件国税が存在しており、本件充当処分のその他の部分
　については、請求人は争わず、当審判所に提出された証拠書類等によっても、これ
　を不相当とする理由は認められない。

　　したがって、本件充当処分は適法である。

(7)　結論

　　よって、審査請求は理由がないから、これを棄却することとする。

別表1　審査請求に至る経緯（省略）

別表2　本件対象者ら（省略）

別表3　本件請求人提出書類の内訳（省略）

別表4　本件各更正処分等に係る未納国税（省略）

別表5　請求人が原処分額に加えるべきと主張する扶養控除の合計額（省略）

三　法人税法関係

〈令和5年1月〜3月分〉

事例7 （損金の帰属事業年度　寄附金）

> **仕入金額の一部は寄附金の額に該当しないとした事例**（①平成25年11月1日から平成26年10月31日までの事業年度の法人税の更正処分及び過少申告加算税の賦課決定処分、②平成26年11月1日から平成27年10月31日までの事業年度の法人税の更正処分及び過少申告加算税の賦課決定処分（重加算税の賦課決定処分を併せ審理）、③平成25年11月1日から平成26年10月31日までの課税事業年度の復興特別法人税の更正処分及び過少申告加算税の賦課決定処分、④平成26年11月1日から平成27年10月31日までの課税事業年度の地方法人税の更正処分及び過少申告加算税の賦課決定処分・全部取消し、一部取消し・令和5年3月8日裁決）
>
> 《ポイント》
>
> 　本事例は、原処分庁が算出した仕入金額が時価相当額であるとはいえず、仕入金額に時価相当額よりも不相当に高額な部分があるとは認められないから、仕入金額の一部が寄附金の額に該当するとはいえないと判断した事例である。

《要旨》

　原処分庁は、請求人が取締役（本件取締役）と親族関係にある業者（本件業者）から仕入れた資材の仕入金額は時価相当額と比較して不相当に高額であるから、時価相当額を超える部分の金額は法人税法第37条《寄附金の損金不算入》に規定する寄附金の額に該当する旨主張する。

　しかしながら、原処分庁が時価相当額を算出するために用いた計算式には合理性が認められるものの、原処分庁が計算に用いた具体的な数値については、これを用いることが相当であるとはいえないから、原処分庁が算出した仕入金額は時価相当額とは認められない。また、原処分庁は、本件業者に対する仕入単価は、一定の金額が上乗せされた「いわゆる親戚価格」である旨主張するが、仕入単価の決定は、本件業者と本件業者とは親族関係にない営業部長との間で交渉により決められており、本件取締役が仕入単価の決定に介入したとは認められないから、本件業者に係る仕入金額は、時価に比して不相当に高額であったとは認められない。

《参照条文等》

　　法人税法第37条第7項、第8項

《参考判決・裁決》

　　大分地裁平成8年2月27日判決（訟月46巻10号3896頁）

（令和5年3月8日裁決）

《裁決書（抄）》

1　事　実

(1)　事案の概要

　　本件は、○○販売業を営む審査請求人（以下「請求人」という。）が、特定の仕入先からの仕入金額を損金の額に算入していたところ、原処分庁が、当該仕入先に対する仕入金額は時価相当額と比較して高額であるため、当該仕入金額の一部は法人税法上の寄附金の額に当たるなどとして更正処分等をしたのに対し、請求人が、原処分の一部の取消しを求めた事案である。

(2)　関係法令

　イ　法人税法第37条《寄附金の損金不算入》第1項は、内国法人が各事業年度において支出した寄附金の額（同条第2項の規定の適用を受ける寄附金の額を除く。）の合計額のうち、その内国法人の当該事業年度終了の時の資本金等の額又は当該事業年度の所得の金額を基礎として政令で定めるところにより計算した金額を超える部分の金額は、当該内国法人の各事業年度の所得の金額の計算上、損金の額に算入しない旨規定している。

　ロ　法人税法第37条第7項は、同条に規定する寄附金の額は、寄附金、拠出金、見舞金その他いずれの名義をもってするかを問わず、内国法人が金銭その他の資産又は経済的な利益の贈与又は無償の供与（広告宣伝及び見本品の費用その他これらに類する費用並びに交際費、接待費及び福利厚生費とされるべきものを除く。）をした場合における当該金銭の額若しくは金銭以外の資産のその贈与の時における価額又は当該経済的な利益のその供与の時における価額によるものとする旨規定している。

　ハ　法人税法第37条第8項は、内国法人が資産の譲渡又は経済的な利益の供与をした場合において、その譲渡又は供与の対価の額が当該資産のその譲渡の時における価額又は当該経済的な利益のその供与の時における価額に比して低いときは、当該対価の額と当該価額との差額のうち実質的に贈与又は無償の供与をしたと認められる金額は、同条第7項の寄附金の額に含まれるものとする旨規定している。

(3)　基礎事実

　　当審判所の調査及び審理の結果によれば、以下の事実が認められる。

イ　請求人及びその仕入先について

　(イ)　請求人は、○○販売を事業とする法人である。

　(ロ)　請求人の取締役であるG（以下「本件取締役」という。）は、平成23年11月22日まで、請求人の代表取締役を務めていた。

　(ハ)　本件取締役の従兄弟で、「H」を屋号とする個人事業者であるJ（以下「本件親族事業者」という。）は、請求人に○○を個人で納入するとともに、K社に勤務し、○○の収集・販売担当者として、同社の請求人に対する○○の納入業務を行っていた（以下、本件親族事業者とK社を併せて「本件各仕入先」という。）。

　　　なお、○○は、○○工場から○○精製工場に直接回収されるほか、○○の回収業者を介して○○精製工場に持ち込まれ、○○精製工場において所定の工程を加えることで、○○に再生することができる。

ロ　請求人が行う仕入れの状況等について

　(イ)　請求人は、平成25年11月から平成27年10月までの間（以下「本件取引期間」という。）において、本件各仕入先から○○を仕入れていた（以下、この仕入れに係る取引を「本件取引」という。）。

　　　なお、本件各仕入先は、○○を排出・販売等する事業者から仕入れて取りまとめたものを販売していた（以下、本件各仕入先における○○の仕入先を「本件回収先事業者」という。）。

　(ロ)　請求人は、本件各仕入先から仕入れた○○について、おおむねの「歩留り」（○○から精製できる○○の量の割合）の多寡によって○○、○○B及び○○Cという呼称で分類し（以下、請求人が○○という呼称で分類したものを「○○A」という。）、当該分類に応じた仕入単価で計算した金額で仕入れ、仕入先元帳に計上していた（以下、請求人が本件各仕入先から仕入れた○○を「本件各○○」という。）。

　(ハ)　本件取引期間における請求人の仕入業務は、平成26年3月7日までは請求人の取締役であったLが担当し、その後は営業部長であるM（以下「本件営業部長」という。）が担当していた。

(4)　審査請求に至る経緯

イ　請求人は、平成25年11月1日から平成26年10月31日までの事業年度（以下「平

成26年10月期」といい、他の事業年度についても同様に表記する。）及び平成27年10月期（以下、これらの各事業年度を併せて「本件各事業年度」という。）の法人税について、本件取引に係る仕入金額（以下「本件仕入金額」という。）を損金の額に算入した上で確定申告書に別表1-1の「確定申告」欄のとおり記載して、いずれも提出期限（法人税法第75条の2（平成29年法律第4号による改正前のもの）《確定申告書の提出期限の延長の特例》第1項の規定により1月間延長されたもの。）までに申告した。

ロ　請求人は、平成25年11月1日から平成26年10月31日までの課税事業年度（以下「平成26年10月課税事業年度」という。）の復興特別法人税について、確定申告書に別表1-2の「確定申告」欄のとおり記載して、提出期限（東日本大震災からの復興のための施策を実施するために必要な財源の確保に関する特別措置法第53条《課税標準及び税額の申告》第4項の規定により1月間延長されたもの。）までに申告した。

ハ　請求人は、平成26年11月1日から平成27年10月31日までの課税事業年度（以下「平成27年10月課税事業年度」という。）の地方法人税について、確定申告書に別表1-3の「確定申告」欄のとおり記載して、提出期限（地方法人税法（平成29年法律第4号による改正前のもの）第19条第5項の規定により1月間延長されたもの。）までに申告した。

ニ　請求人は、平成28年4月14日に、①本件各事業年度の法人税について、別表1-1の「修正申告」欄のとおり、②平成26年10月課税事業年度の復興特別法人税について、別表1-2の「修正申告」欄のとおり、③平成27年10月課税事業年度の地方法人税について、別表1-3の「修正申告」欄のとおりとする各修正申告書を提出した。

ホ　原処分庁は、令和3年12月24日付で、本件仕入金額のうち不相当に高額な部分は法人税法第37条第7項の寄附金の額に該当するなどとして、本件各事業年度の法人税について、別表1-1の「更正処分等」欄のとおり、各更正処分（以下「本件法人税各更正処分」という。）をするとともに、過少申告加算税及び重加算税の各賦課決定処分をした。

　　また、原処分庁は、令和3年12月24日付で、平成26年10月課税事業年度の復興特別法人税及び平成27年10月課税事業年度の地方法人税について、別表1-2及

び別表1-3の各「更正処分等」欄のとおり、各更正処分をするとともに、過少申告加算税及び重加算税の各賦課決定処分をした。

　ヘ　請求人は、令和4年3月17日、上記ホの各処分のうち各更正処分の一部及び過少申告加算税の各賦課決定処分に不服があるとして審査請求をした。

　　なお、平成27年10月期の法人税に係る重加算税の賦課決定処分についても併せ審理する。

2　争　点

　本件仕入金額の一部が法人税法第37条に規定する寄附金の額に該当するか否か。

3　争点についての主張

原処分庁	請求人
本件仕入金額は、次のとおり、本件各○○の時価相当額よりも不相当に高額であり、当該時価相当額との差額が「実質的に贈与したと認められる金額」に当たるから、その部分の金額は寄附金に該当する。	本件仕入金額には、次のとおり、「実質的に贈与したと認められる金額」が存在しない。
(1)　本件営業部長の申述によれば、本件各○○の仕入単価は、「建値」に「歩留り」を乗じた金額から「加工賃」を控除する計算式（以下「本件仕入単価計算式」という。）により算出した額になると認められ、別表2のとおり、本件仕入単価計算式に「建値」、「歩留り」、「加工賃」の各値を当てはめて単価を算定し、当該単価に仕入れた本件各○○の重量を乗じて計算した金額（同表の「算出金額」欄の金額であり、以下「原処分庁算出金額」という。）が仕入金額の時価相当額であると認められるところ、本件仕入金額は、別表2の「申告金額」欄のとおり、	(1)　本件仕入単価計算式は、飽くまでも、請求人が仕入先と仕入単価を交渉するに当たり、請求人の仕入担当者が参考にする考え方であるにすぎない。 　また、請求人と仕入先との価格交渉の結果、仕入単価が、請求人が目標とする単価より高くなることも当然ある。

原処分庁算出金額に比して不相当に高額である。

(2) 本件回収先事業者が本件親族事業者に販売した○○の「歩留り」は、最も高いものでも○○％程度であったこと、本件回収先事業者の過半数については10年ほど取引単価がおおむね変わらなかったことから、本件各○○の「歩留り」は、少なくとも請求人が令和3年10月に実施した歩留試験の結果による値である○○％と同等かこれを下回ると認められ、この値は本件取引期間においても同様であると認められる。

　また、原処分庁において、平成30年10月期から令和2年10月期までにおける本件各仕入先以外の仕入先との取引について、本件仕入単価計算式を用いて算出した単価と請求人の仕入先元帳に記載された仕入金額を基に計算した仕入単価とを比較した結果、乖離が見られない。

　したがって、本件仕入単価計算式を用いて計算した原処分庁算出金額は時価相当額であるといえる。

(3) 本件取引について、請求人の実質的な経営者である本件取締役が「取引に係る仕入価格は通常より少し上乗せしている、いわゆる親戚価格である。」旨の申述をしていることからすると、本件各○○に係る仕入単価は、本件仕入単価計算

(2) 原処分庁は、令和3年11月30日に実施した○○Ｃの歩留試験の結果による値である○○％を見落とし、本件取引期間における全ての本件各○○の仕入れを「歩留り」○○％で引き直して計算しているのであって、明らかに誤っている。

　原処分庁の主張は、主に本件回収先事業者からのヒアリングに基づくものであり、これらの事業者が本件取引期間において販売した○○の「歩留り」が○○％程度であったことを示す客観証拠は提出されていない。

　一方、現に、令和3年11月30日に実施された○○Ｃの歩留試験の結果は、「歩留り」が○○％であり、○○％を優に超過するものである。

(3) 本件取締役が、原処分庁に対して、「本件親族事業者との取引について通常より少し上乗せした親戚価格である。」と説明したことはない。

　本件取締役は、本件各仕入先との仕入単価の決定について関与することはない

式に基づき算出された価格に一定の金額が上乗せされていたものと推認される。	し、個別に本件各仕入先との仕入単価について報告を受けることもなく、本件各仕入先からの仕入単価を優遇するよう従業員に指示したこともない。

4 当審判所の判断

(1) 法令解釈

　法人税法第37条の寄附金には、その最も典型的な形態である金銭の無償の給付のほかにも様々な形態があり得ることから、まず、同条第7項において、いずれの名義をもってするかを問わず、対価性のない金銭その他の資産又は経済的な利益の贈与又は無償の供与を寄附金として扱う旨規定している。また、法人税法第37条第8項において、対価性のある資産の譲渡又は経済的利益の供与についても、その対価と譲渡の時における価額又は供与の時における価額との間に差がある場合には、その差額のうち実質的に贈与又は無償の供与をしたと認められる金額が寄附金の額に含まれると定め、寄附金に該当する利益供与の形態と損金の額に算入されない寄附金の範囲を明らかにしており、同項は同条第7項の内容を補完し、実質的には同項の一部を構成しているものと解される。そして、法人税法第37条第8項は、資産の低廉譲渡等による実質的な贈与の場合について定めたものであるが、逆に、資産の譲受けに当たり時価よりも不相当に高い対価を支払うことにより相手方に実質的に贈与を行う場合にも、当該時価相当額の超過部分をそのままにしておくと、減価償却費や譲渡原価等に形を変えて損金算入される結果となることは資産の低廉譲渡等の場合と同様であるから、同条第7項により、当該超過部分の金額は寄附金の額に含まれると解するのが相当である。

　なお、上記の時価とは、当該資産につき不特定多数の当事者間における自由な取引において通常成立すると認められる価額をいうものと解される。

(2) 認定事実

　請求人提出資料、原処分関係資料並びに当審判所の調査及び審理の結果によれば、以下の事実が認められる。

　イ　本件仕入金額の決定方法は、次のとおりである。

　　(イ)　本件営業部長と本件親族事業者は、本件取引において、各月末頃の本件各○

○の状態を見て、目利きにより「歩留り」の数値を判断した上で、交渉により本件各○○の仕入単価を決定していた。

(ロ) 本件営業部長は、上記(イ)の交渉に当たり、本件仕入単価計算式によって算出した金額を目安としていた。

なお、この方法は、他の仕入先との仕入単価の交渉においてもおおむね同様であった。

(ハ) 請求人は、毎月、○○の相場等を踏まえ、取り扱う商品の販売単価、具体的には「Ｎ」及び「Ｐ」（いずれも○○（以下「業界紙」という。）の「○○市中相場」欄に記載されている銘柄で、「Ｐ」は「Ｎ」より高値である。）に係る単価をそれぞれ決定し、この単価を本件仕入単価計算式の「建値」としていた。

請求人は、一般的な仕入先には「Ｎ」の相場を基にした「建値」を使用していたが、本件各仕入先との取引においては、本件営業部長が仕入業務の担当となった以降、「Ｐ」の相場を基にした「建値」を使用していた。

なお、請求人は、本件各仕入先以外の大口仕入先との仕入単価の交渉に当たっても、「Ｐ」の相場を基にした「建値」を使用する場合があった。

(ニ) 本件営業部長及び本件親族事業者は、目利きにより、質・形状の違い等を見た目で判断した「歩留り」により本件各○○の区分を判定しており、その区分は、○○Ｂの質が一番低く、○○Ｃの質が一番高かった。

(ホ) 請求人は、本件各○○の仕入単価について、○○Ｃは○○Ａより高く、○○Ｂは○○Ａより低く設定していた。

ロ 請求人が本件取引期間に仕入れた本件各○○の総重量の内訳は、○○Ａが○○○○kg、○○Ｂが○○○○kg、○○Ｃが○○○○kgであった。

ハ 請求人は、令和３年10月12日に、本件親族事業者から仕入れた○○Ａの歩留試験を実施したところ、その「歩留り」は○○％であった。

また、請求人は、令和３年11月30日に、本件親族事業者から仕入れた○○Ｃの歩留試験を実施したところ、その「歩留り」は○○％であった。

ニ ○○の「歩留り」等に係る業界の認識等は、次のとおりである。

(イ) ○○協会が作成した「○○」及び同協会が設置した○○の処理とリサイクルに関する調査研究委員会の委員長が○○の処理とリサイクルについて解説したレポートによると、○○の「歩留り」は、同じ工場の同じ炉からでた○○であ

っても、投入原料や操業条件によって安定しないことが多い旨報告がある。

(ロ) ○○の取引価格は、○○の「重量」、「歩留り」、「相場」、「加工賃等経費・利益」（○○を精製するための加工賃及び利益）によって目安の金額が計算される、というのが業界における一般的な考え方であるが、取引当事者が協議して決定される場合もある。

また、上記「相場」は、業界紙に掲載されている○○の相場が用いられることが多く、「歩留り」は、日々仕入れるごとに多少変化し、特に製造工程に変更があった場合には、大きく変化するものである。

(3) 検討

請求人が本件仕入金額を本件各事業年度の損金の額に算入して法人税等の申告をしたのに対し、原処分庁は、原処分庁算出金額を時価相当額とした上で、本件仕入金額のうち時価相当額よりも不相当に高額な部分が「実質的に贈与したと認められる金額」に当たると主張する。

そこで、原処分庁算出金額が時価相当額であり、本件仕入金額に時価相当額よりも不相当に高額な部分があるか否かについて検討する。

イ 原処分庁算出金額が時価相当額であるといえるか否かについて

(イ) 原処分庁は、本件仕入単価計算式により本件各○○の時価相当額を計算し、原処分庁算出金額を算定している。

本件仕入単価計算式は、上記(2)ニ(ロ)のとおり、○○の取引価格の目安となる金額の計算方法として、○○の精製を行う業界において一般的に用いられている計算式の一つであり、不特定多数の当事者における自由な取引において通常成立すると認められる○○の価額を比準するものとして合理性が認められる。そうすると、原処分庁が、原処分庁算出金額を算出するに当たって用いた「建値」、「歩留り」及び「加工賃」の値が適切であるならば、原処分庁算出金額は、本件取引における○○の仕入単価の時価相当額として合理的に算出された金額であるといえる。

(ロ) 次に本件各○○の「歩留り」についてみると、上記(2)イ(イ)のとおり、本件各○○の「歩留り」は、本件営業部長と本件親族事業者の目利きにより判断されており、本件取引期間における本件各○○の「歩留り」に関する歩留試験の結果などの客観的な資料はなく、当審判所に提出された全ての証拠資料によって

も正確な数値を認定することはできない。

　この点について、原処分庁は、本件取引に係る仕入単価の時価相当額の計算に当たって、本件各○○の「歩留り」は、令和3年10月に行われた○○Aの歩留試験の結果による値である○○％と同等かこれを下回ると認められ、この値は本件取引期間においても同様であるから、本件取引期間における本件各○○の「歩留り」の数値として一律に○○％を用いるべき旨主張する。

　しかしながら、上記(2)ニによれば、一般的に○○の「歩留り」は一定ではないことが通常であると認められる。また、上記1(3)ロ(ロ)のとおり、請求人は、本件各仕入先との仕入単価交渉に際して「歩留り」を考慮し、仕入先元帳でも本件各仕入先から仕入れた○○を○○A、○○B及び○○Cに区分して計上しており、取引単価についても、上記(2)イ(ホ)のとおり、○○Cは○○Aより高く、○○Bは○○Aより低く設定していたところ、本件取引期間後ではあるが、実際に請求人が行った歩留試験において、上記(2)ハのとおり、令和3年10月の○○Aの「歩留り」が○○％であったのに対し、令和3年11月の○○Cの「歩留り」が○○％という結果が出ており、○○Cは○○Aよりも「歩留り」が高いことが認められる。

　そうすると、本件取引期間における本件各○○の「歩留り」についても一定の数値ではなく、○○の区分によっても「歩留り」の数値に違いがあったと考えられる。

　その上、本件取引期間に仕入れた本件各○○の総重量の内訳は、上記(2)ロのとおりであるところ、その割合は、○○Aが26.4％、○○Bが0.8％、○○Cが72.8％であり、「歩留り」が高いと認められる○○Cの仕入重量が多くの割合を占め、「歩留り」が低いと認められる○○Bの仕入重量が占める割合は極めて少ないことも併せ考慮すると、本件仕入単価計算式を用いて時価相当額を算出するに当たり、原処分庁が主張するように本件各○○の全てに令和3年10月の○○Aの「歩留り」である○○％を用いることが相当であるとはいえない。

(ハ)　したがって、原処分庁が原処分庁算出金額を計算するに当たり用いた「歩留り」の数値は、本件取引期間における本件各○○の「歩留り」の数値であるとはいえないから、原処分庁算出金額は時価相当額であるとはいえない。

ロ　本件仕入金額に時価相当額よりも不相当に高額な部分があるかについて

上記イ(イ)のとおり、本件仕入単価計算式は、○○の時価を算出する方法として合理性が認められるところ、当審判所に提出された全ての証拠資料によっても、本件取引期間の「歩留り」の正確な数値を認定することはできないから、本件仕入単価計算式を用いる方法により本件取引期間における本件各○○の時価相当額を算出することはできない。

　　もっとも、上記(2)イのとおり、本件各仕入先からの仕入単価は、本件営業部長が、本件仕入単価計算式によって算出された金額を目安に本件親族事業者と交渉して合意した金額であるところ、本件仕入単価計算式による算出に当たっては、上記(2)イ(イ)及び(ハ)のとおり、「建値」として○○の相場を基にした金額が、「歩留り」として本件営業部長が本件親族事業者と目利きにより判断した数値がそれぞれ用いられ、当審判所に提出された証拠資料並びに当審判所の調査及び審理の結果によっても、この目利きによる「歩留り」の判断が不合理であるとは認められない。また、本件各仕入先に対する「加工賃」の額が不相当に低額であるとも認められない。そうすると、本件営業部長が本件親族事業者と仕入単価を交渉する際に本件仕入単価計算式により算出した金額は、不特定多数の当事者間における自由な取引において通常成立すると認められる価額、すなわち時価に比して不相当に高額であったとは認められない。

　　そして、当審判所に提出された証拠資料並びに当審判所の調査及び審理の結果によっても、ほかに本件仕入金額が時価相当額に比して不相当に高額であることをうかがわせる事実は認められないから、本件仕入金額に時価相当額よりも不相当に高額な部分があるとは認められない。

ハ　小括

　　以上によれば、本件仕入金額は、本件各○○の時価相当額よりも不相当に高額であるとは認められず、「実質的に贈与したと認められる金額」があるとも認められないことから、原処分庁算出金額と本件仕入金額との差額は法人税法第37条に規定する寄附金の額には該当しない。

(4)　原処分庁の主張について

イ　原処分庁は、上記３の「原処分庁」欄の(2)のとおり、本件各仕入先以外の仕入先について、本件仕入単価計算式を用いて仕入単価を比較した結果、双方に乖離が見られないことから、本件仕入単価計算式を用いて計算した原処分庁算出金額

は時価相当額である旨主張する。

　　　しかしながら、原処分庁算出金額が時価相当額であるとはいえないことは上記(3)イのとおりであり、原処分庁が主張する事情は上記結論を左右しないから、原処分庁の主張には理由がない。

ロ　原処分庁は、上記3の「原処分庁」欄の(3)のとおり、本件取引について、本件取締役が「いわゆる親戚価格である。」旨の申述をしていることからすると、本件各○○に係る仕入単価は本件仕入単価計算式に基づき算出された価格に一定の金額が上乗せされていたものと推認される旨主張する。

　　　確かに、上記1(3)イ(ハ)のとおり、本件取締役と本件親族事業者は親族関係にあり、上記(2)イ(ハ)のとおり、仕入単価の目安で使用する「建値」も一般の仕入先との取引に用いる「N」ではなく、より高値である「P」の相場を基にした金額を使用している。

　　　しかしながら、上記(2)イ(イ)のとおり、仕入単価の決定は、本件営業部長と本件親族事業者との間で交渉により決められており、当審判所に提出された全ての証拠資料等によっても、本件取締役が本件親族事業者との仕入単価の決定に介入したとは認められないから、本件仕入金額については、本件親族事業者が本件取締役の親戚であることを考慮して一定の金額が加算された仕入単価に基づくものということはできない。また、上記(2)イ(ハ)のとおり、他の大口仕入先に対しても「P」の相場を基にした金額を使用して仕入金額を交渉している場合があることからすると、本件取引に「P」の相場を基にした金額を使用していることをもって、直ちに本件仕入金額の一部に贈与と認められる金額が存在するとはいえない。したがって、原処分庁の主張には理由がない。

(5)　原処分の適法性について

イ　本件法人税各更正処分について

　　(イ)　寄附金の損金不算入額及び事業税等の損金算入額について

　　　　　以上のとおり、本件仕入金額について寄附金に該当する金額は認められないことから、所得金額の計算に係る加算額及び減算額（平成27年10月期は、平成26年10月期の更正処分の一部の取消しに伴い、再計算した事業税及び地方法人特別税の額を含む。）並びに寄附金の損金不算入額を再計算すると、本件各事業年度の所得金額の加算額及び減算額並びに寄附金の損金不算入額は、別表3

の各「審判所認定額」欄のとおりとなる。

 (ロ) 所得金額等について

  本件法人税各更正処分のその他の部分については、請求人は争わず、当審判所に提出された証拠資料等によっても、これを不相当とする理由は認められないところ、上記(イ)を前提に、当審判所において、請求人の本件各事業年度の所得金額及び納付すべき法人税額を計算すると、別表3の各「審判所認定額」欄のとおり、本件法人税各更正処分の所得金額及び納付すべき法人税額をいずれも下回る。

  したがって、本件法人税各更正処分は、いずれもその一部を別紙1及び別紙2「取消額等計算書」のとおり取り消すべきである。

ロ 復興特別法人税及び地方法人税の各更正処分について

  上記イを前提に、当審判所において、請求人の平成26年10月課税事業年度の復興特別法人税及び平成27年10月課税事業年度の地方法人税の納付すべき税額を計算すると、別表4の各「審判所認定額」欄のとおり、平成26年10月課税事業年度の復興特別法人税及び平成27年10月課税事業年度の地方法人税の各更正処分の納付すべき税額をいずれも下回る。

  したがって、原処分のうち、平成26年10月課税事業年度の復興特別法人税及び平成27年10月課税事業年度の地方法人税の各更正処分は、いずれもその一部を別紙3及び別紙4「取消額等計算書」のとおり取り消すべきである。

ハ 法人税に係る各賦課決定処分について

 (イ) 上記イのとおり、平成26年10月期の法人税の更正処分は、その一部を取り消すべきであるから、過少申告加算税の額の計算の基礎となる税額は○○○○円となる。

  したがって、原処分のうち、平成26年10月期の法人税に係る過少申告加算税の賦課決定処分は、その全部を取り消すべきである。

 (ロ) また、平成27年10月期の法人税の更正処分は、その一部を取り消すべきであるから、過少申告加算税の額の計算の基礎となる税額は○○○○円となり、重加算税の額の計算の基礎となる税額は○○○○円となる。

  したがって、平成27年10月期の法人税に係る過少申告加算税の賦課決定処分は、その全部を取り消すべきであり、平成27年10月期の法人税に係る重加算税

の賦課決定処分は、その一部を別紙2「取消額等計算書」のとおり取り消すべきである。

ニ　復興特別法人税及び地方法人税に係る各賦課決定処分について

　　上記ロのとおり、原処分のうち、平成26年10月課税事業年度の復興特別法人税及び平成27年10月課税事業年度の地方法人税の各更正処分は、いずれもその一部を取り消すべきであるから、過少申告加算税の額の計算の基礎となる税額はいずれも○○○○円となる。

　　したがって、原処分のうち、平成26年10月課税事業年度の復興特別法人税及び平成27年10月課税事業年度の地方法人税に係る過少申告加算税の各賦課決定処分は、いずれもその全部を取り消すべきである。

(6)　結論

　　よって、審査請求は理由があるから、原処分の一部を取り消すこととする。

別表1－1　審査請求に至る経緯（法人税）（省略）

別表1－2　審査請求に至る経緯（復興特別法人税）（省略）

別表1－3　審査請求に至る経緯（地方法人税）（省略）

別表2　原処分庁が主張する寄附金の額の計算（省略）

別表3　審判所認定額（法人税）（省略）

別表4　審判所認定額（復興特別法人税及び地方法人税）（省略）

別紙1から4　取消額等計算書（省略）

四　相続税法関係

〈令和5年1月〜3月分〉

相続税法

事例 8 （財産の評価　庭園設備）

　自宅の庭園設備について、評価通達92《附属設備等の評価》の(3)の定めに基づいて
評価するのが相当であるとした事例（平成30年 9 月相続開始に係る相続税の更正処分
及び過少申告加算税の賦課決定処分・棄却・令和 5 年 3 月 7 日裁決）

《ポイント》
　本事例は、自宅の庭園設備も、評価通達92《附属設備等の評価》の(3)に定める「庭
園設備」として評価することが相当であると判断したものである。

《要旨》
　請求人は、被相続人の自宅庭園（本件庭園設備）について、個人宅の庭であり、その
立地条件等からしても本件庭園設備を一体として売却できず、また、立木や庭石、灯篭
等を個別に売却するとしても買取り価額は低額である上、実際に買手が見つからないこ
とから、交換価値がなく財産評価基本通達（評価通達）は適用されない旨主張する。
　しかしながら、評価通達92《附属設備等の評価》の(3)（本件通達）は、「庭園設備」
について、家屋の固定資産税評価額に含まれていないことから、金銭に見積もることが
できる経済的価値のある全てのものが相続税法に規定する財産であることに照らし、家
屋とは別に独立した財産として評価すべきであるとしたものと解するのが相当であると
ころ、本件庭園設備は、家屋とは別異の設備として、複数の業者によって金銭に見積も
ることができる経済的価値が認められているものであることからして、家屋とは別に独
立した財産として評価すべきものである。また、本件庭園設備は、造園されたものであ
るから、庭石商の店頭におけるように、立木や庭石、灯篭等を個別に売却することを前
提に評価することは相当ではなく、上記のとおり、経済的価値が認められているもので
ある。よって、本件庭園設備の相続税の課税価格に算入される価額は、本件通達の定め
る方法によって評価するのが相当である。

《参照条文等》
　相続税法第22条
　財産評価基本通達92(3)

（令和5年3月7日裁決）

《裁決書（抄）》

1 事　実

(1) 事案の概要

　　本件は、原処分庁が、審査請求人（以下「請求人」という。）が相続により取得した自宅庭園の評価について、財産評価基本通達の定めにより評価すべきであるとして更正処分等を行ったのに対し、請求人が、当該庭園の時価は零円であるから相続税の課税対象とはならないなどとして、原処分の一部の取消しを求めた事案である。

(2) 関係法令等

　イ　相続税法（令和3年法律第11号による改正前のもの。）第2条《相続税の課税財産の範囲》第1項は、同法第1条の3《相続税の納税義務者》第1項第1号又は第2号の規定に該当する者については、その者が相続等により取得した財産の全部に対し、相続税を課する旨規定している。

　ロ　相続税法第22条《評価の原則》は、相続等により取得した財産の価額は、同法第3章《財産の評価》で特別の定めのあるものを除くほか、当該財産の取得の時における時価による旨規定している。

　ハ　財産評価基本通達（昭和39年4月25日付直資56ほか国税庁長官通達。ただし、令和2年6月22日付課評2-21ほかによる改正前のもの。以下「評価通達」という。）92《附属設備等の評価》(1)は、家屋に取り付けられ、その家屋と構造上一体となっているものについては、その家屋の価額に含めて評価する旨を定め、庭園設備については、同(3)に庭園設備（庭木、庭石、あずまや、庭池等をいう。）の価額は、その庭園設備の調達価額（課税時期においてその財産をその財産の現況により取得する場合の価額をいう。）の100分の70に相当する価額によって評価する旨を定めている（以下、当該通達のうち(3)の定めを「本件通達」という。）。

(3) 基礎事実

　　当審判所の調査及び審理の結果によれば、以下の事実が認められる。

　イ　相続関係について

　　(イ)　J（以下「本件被相続人」という。）は、平成30年9月○日（以下「本件相続開始日」という。）に死亡し、その相続（以下「本件相続」という。）が開始

した。

(ロ) 本件相続に係る共同相続人は、いずれも本件被相続人の子である請求人及び
Kの2名である。

(ハ) 請求人及びKの間で、令和元年7月○日、遺産分割協議が成立し、請求人は、
a市b町○-○に所在する宅地○○○○㎡を含む本件相続に係る全ての財産を
取得した。

なお、上記宅地のうち自用地○○○○㎡(以下「本件宅地」という。)は、
本件被相続人の居住用建物(家屋)の敷地のほか庭園(以下「本件庭園設備」
という。)の用地として利用されていた。

ロ 本件庭園設備について

(イ) 本件被相続人は、平成○年○月○日、L市長を事業施行者とする○○○○事
業の用に供するため、a市e町○-○及び同○-○に所在する本件被相続人の
旧居宅敷地を買収されるなどして、平成○年までに補償金を取得したところ、
当該補償金には、旧居宅敷地に存する立木に対する補償金額X,○○○,○○
○円が含まれていた。

(ロ) 本件被相続人は、平成○年○月○日、原処分庁に対し、平成○年分の所得税
及び復興特別所得税について、修正申告書に上記(イ)の補償金に係る譲渡所得の
計算上、租税特別措置法第33条《収用等に伴い代替資産を取得した場合の課税
の特例》を適用する旨記載し、当該修正申告書に代替資産として本件被相続人
が所有する本件宅地上に居住用建物(家屋)を取得した旨記載した「譲渡所得
の内訳書」、「公共事業用資産の買取り等の申出証明書」、「公共事業用資産の買
取り等の証明書」及び「一時所得分(立木・移転経費)計算明細書」等を添付
し、当該修正申告書を提出した。

(ハ) 上記(ロ)の「一時所得分(立木・移転経費)計算明細書」の「1 立木の内訳」
欄には、別表1のとおり記載されているところ、本件被相続人は、上記(イ)の立
木をX,○○○,○○○円の費用を要して本件宅地に移植し、本件庭園設備を
造園した。

なお、本件庭園設備は、本件宅地内で、○○○○に存している。

(4) 審査請求に至る経緯

イ 請求人は、原処分庁に対し、本件相続に係る相続税(以下「本件相続税」とい

う。）について、別表2の「申告」欄のとおり記載した申告書を法定申告期限までに提出した。

ロ　原処分庁は、令和4年1月25日付で、原処分庁所属の調査担当職員の調査に基づき、請求人に対し、本件庭園設備は本件通達の定めにより評価すべきであり、申告漏れとなっていること等を理由として、別表2の「更正処分等」欄のとおり、本件相続税に係る更正処分（以下「本件更正処分」という。）及び過少申告加算税の賦課決定処分（以下「本件賦課決定処分」という。）をした。

なお、原処分庁は、本件更正処分において、本件相続開始日における本件庭園設備の価額を、本件通達の定める方法に従って、一般財団法人M（以下「M」という。）が、令和3年9月30日付でN国税局に対し提出した要旨別紙の調査報告書に基づき認定した調達価額XX,○○○,○○○円（以下「本件調達価額」という。）の100分の70に相当する価額XX,○○○,○○○円と評価した。

ハ　請求人は、令和4年4月4日、本件更正処分及び本件賦課決定処分の一部に不服があるとして審査請求をした。

2　争　点

本件庭園設備の本件相続税の課税価格に算入される価額は、本件通達の定めによるべきか否か。

3　争点についての主張

原処分庁	請求人
(1)　本件通達は、家屋と構造上一体となっていない庭園設備について、家屋と別途の評価を行うこととし、その評価方法を定めたものであり、相続財産の評価方法の一方法として妥当性を有すると解されている。	(1)　相続税法第22条に規定する「時価」は交換価値をいうから、評価通達は、相続財産に交換価値があって初めて適用されるべきであるため、交換価値がない庭園設備に評価通達は適用されない。
(2)　本件庭園設備が自宅敷地内にあることをもって、本件庭園設備が評価通達に定める方法によっては適正な時価を算定できないと解する理由はない。	(2)　本件庭園設備は、個人宅の庭であり、その立地条件等からして、本件庭園設備を一体として売却することはできず、実際にも買手が見つからないため、本件庭

	園設備には交換価値がない。
(3) 庭園内にある庭木、庭石のほか、立木及び立竹についても、評価通達125《庭園にある立木及び立竹の評価》に定めるとおり、庭園設備と一括して本件通達の定めによって評価すべきものであって、個々に評価すべきものではない。 　そして、本件庭園設備の価額の評価においては、入場料を得るという収益性がないことや、宣伝や集客の効果がないことをしんしゃくすべき理由はない。	(3) 本件庭園設備の中にある立木や庭石、灯篭等を個別に売却するとし、買主がいる条件付であっても、買取り価額はX,○○○,○○○円と算定される。 　また、本件庭園設備は自宅敷地内にあり、入場料を取れるようなものではなく、宣伝や集客の効果もないもので使用価値もない。
(4) したがって、本件庭園設備の本件相続税の課税価格に算入されるべき価額は、本件通達の定めによるべきであり、客観的で信頼性の高いものとしてMの報告書に基づき認定した本件調達価額の100分の70に相当する価額 XX,○○○,○○○円である。	(4) したがって、本件庭園設備の本件相続税の課税価格に算入されるべき価額は、本件通達の定めによるべきでなく、交換価値がないから、相続税法第22条に規定する時価もないため零円である。

4　当審判所の判断

(1)　法令解釈

　イ　相続税法第22条にいう時価及び評価通達について

　　　相続税法第22条は、同法第3章において特別の定めがあるものを除くほか、相続等により取得した財産の価額は、当該財産の取得の時における時価による旨を定めているところ、ここにいう時価とは、当該財産の客観的な交換価値をいうものと解される。

　　　ところで、相続税法は、地上権及び永小作権の評価（相続税法第23条）、定期金に関する権利の評価（相続税法第24条、第25条）及び立木の評価（相続税法第26条）を除き、財産の評価方法について定めを置いていないところ、課税実務においては、評価通達において財産の価額の評価に関する一般的な基準を定めて、

画一的な評価方法によって相続等により取得した財産の価額を評価することとされている。このような方法が採られているのは、相続税等の課税対象である財産には多種多様なものがあり、その客観的な交換価値が必ずしも一義的に確定されるものではないため、相続等により取得した財産の価額を上記のような画一的な評価方法によることなく個別事案ごとに評価することにすると、その評価方法、基礎資料の選択の仕方等により異なった金額が時価として導かれる結果が生ずることを避け難く、また、課税庁の事務負担が過重なものとなり、課税事務の効率的な処理が困難となるおそれもあることから、相続等により取得した財産の価額をあらかじめ定められた評価方法によって画一的に評価することとするのが相当であるとの理由に基づくものと解される。このような課税実務は、評価通達の定める評価方法が相続等により取得した財産の取得の時における適正な時価を算定する方法として合理的なものであると認められる限り、納税者間の公平、納税者の便宜、効率的な徴税といった租税法律関係の確定に際して求められる種々の要請を満たし、国民の納税義務の適正な履行の確保（国税通則法第1条、相続税法第1条）に資するものとして、相続税法第22条の規定の許容するところであると解される。

　そして、評価対象の財産に適用される評価通達の定める評価方法が適正な時価を算定する方法として一般的な合理性を有する場合においては、同通達の定める評価方法が形式的に全ての納税者に係る全ての財産の価額の評価において用いられることによって、基本的には、実質的な租税負担の公平を実現することができるものと解されるのであって、相続税法第22条の規定も租税法上の一般原則としての平等原則を当然の前提としていることに照らせば、特定の納税者あるいは特定の財産についてのみ、同通達の定める評価方法以外の評価方法によってその価額を評価することは、原則として許されないものというべきである。

　その上で、評価対象財産に適用される評価通達の定める方法が適正な時価を算定する方法として一般的な合理性を有するものであり、かつ、当該財産の相続税の課税価格がその評価方法に従って決定された場合には、相続財産の価額は、同通達の定める方法を画一的に適用することによって、当該財産の時価を超える評価額となり、適正な時価を求めることができない結果となるなど、同通達の定める方法によるべきではない特別の事情がない限り、同通達の定める方法によって

評価するのが相当であり、同通達の定める方法に従い算定された評価額をもって当該財産の適正な時価を上回るものではないと事実上推認することができるものというべきである。

ロ　庭園設備の評価について

本件通達は、庭園設備の評価方法として、庭園設備の価額は、その庭園設備の調達価額（課税時期においてその財産をその財産の現況により取得する場合の価額をいう。）の100分の70に相当する価額によって評価する旨定めている。

本件通達の趣旨は、家屋の評価については、評価通達89《家屋の評価》において、その家屋の固定資産税評価額（地方税法第381条《固定資産課税台帳の登録事項》の規定により家屋課税台帳若しくは家屋補充課税台帳に登録された基準年度の価格又は比準価格をいう。）に別に定める倍率（1.0）を乗じて計算した金額によって評価する旨定めているところ、庭園設備については、家屋の固定資産税評価額に含まれていないことから、金銭に見積もることができる経済的価値のある全てのものが相続税法に規定する財産であることに照らし、庭園設備を家屋とは別に独立した財産として評価すべきであるとしたものと解するのが相当である。

また、この場合の「調達価額」とは、課税時期においてその財産をその財産の現況により取得する場合の価額をいうのであるから、その財産と同じ状態において同様のものを取得する場合の価額であると解するのが相当であり、例えば、庭石については、庭石商の店頭価額ではなく、課税時期において存する庭先への搬入費、据付費等をも含めた価額によるものと解され、本件通達が調達価額を基に庭園設備の価額を評価する方法を採っていることは、一般的な合理性を肯定することができるものであり、当審判所もこれを相当と認める。

(2)　認定事実

原処分関係資料並びに当審判所の調査及び審理の結果によれば、次の事実が認められる。

イ　Mは、令和○年○月○日、ａ市内の造園業者と共同で本件庭園設備の現地調査を実施した。

ロ　上記イの造園業者は、別紙の４の(3)のとおり、現地調査に基づき、樹木の植栽や縁石、敷石、飛石、土留めなどの修景整備、客土その他の諸費用各一式を整理・集計して、本件庭園設備の調達費用をXX,○○○,○○○円（税込金額）と

見積もった。

ハ　Mは、上記ロの見積金額の客観性の担保のため、他の2業者に対し、本件庭園設備に係る現地概略図、現地写真及び上記イの造園業者の見積書の様式を加工した各資料を提供し参考見積書（現地確認は実施せず、資料を基にした机上での概算金額）を徴取したところ、それぞれの見積金額は、XX,○○○,○○○円（税込金額）とXX,○○○,○○○円（税込金額）であった。これらの金額は、上記イの造園業者の見積金額よりも1ないし2割程度高かったが、Mは、補完的に担保する参考価格としては妥当な差異であるといえ、実際に現地調査を実施した上記イの造園業者による見積金額が、十分な説得力を有すると判断し、見積金額XX,○○○,○○○円（税込金額）を現地調査時における調達費用とした。

ニ　Mは、別紙の4の(4)のイのとおり、上記ハの調達費用から本件相続開始日（平成30年9月○日）時点の調達価額へ期間修正を施すため、○○○○の数値を重視し、期間修正率を○○％と査定した。また、別紙の4の(4)のロのとおり、○○○○を○○％と査定し、調整率を○○％とした。

ホ　Mは、別紙の4の(4)のハのとおり、上記ハの調達費用を、上記ニの各調整事項及び各時点による消費税率（地方消費税相当額分を含む。以下同じ。）の差異（調査時点：消費税率10％、課税時点：消費税率8％）を踏まえ調整計算し、同3の(1)のとおり、調達価額をXX,○○○,○○○円（税込金額）と算定し報告した。

(3)　検討及び請求人の主張について

イ　本件庭園設備は、本件通達に定める「庭園設備」に該当するか

　　本件庭園設備は、上記1の(3)のロのとおり、○○○○に存する家屋とは別異の設備であり、旧居宅敷地から移転に際してX,○○○,○○○円の費用を要したものであって、上記(2)のロ及びハのとおり、複数の業者によって金銭に見積もることができる経済的価値が認められているものであることからして、家屋とは別に独立した財産として評価すべき庭園設備であることが認められる。

　　よって、本件庭園設備は、本件通達に定める「庭園設備」に該当する。

ロ　本件調達価額は、本件通達に定める「調達価額」に当たるか

　　上記(2)のホの調達価額は、上記(2)のイ及びロのとおり、Mと共同で本件庭園設備の現地調査を実施した造園業者による調達費用の見積金額XX,○○○,○○○

円を基礎としたものであるところ、その見積りは、本件庭園設備の状態に基づいて、同様のものを取得する場合の価額、修景整備に要する費用、客土及びその搬入に係る費用が考慮されたものと認められ、上記(2)のハのとおり、他の業者の参考見積書も徴取して検討されており、客観性が担保されている。

　また、Mは、同調達価額について、現地調査時における調達費用に上記(2)のニの各調整事項及び各時点による消費税率の差異の調整を加え、同ホのとおり算定しているところ、上記(1)のロのとおり、「調達価額」とは、課税時期においてその財産をその財産の現況により取得する場合の価額をいうのであるから、同調達価額は算定上の安全性が考慮されていると認められる。

　よって、本件調達価額は、上記(1)のロに示した本件通達に定める「調達価額」の趣旨に即したものであり、これに当たるものと認められる。

ハ　本件更正処分における本件庭園設備の価額は、本件通達に従って評価されたか

　本件更正処分における本件庭園設備の価額は、本件調達価額が本件通達に定める「調達価額」に当たることに加え、上記1の(4)のロのとおり、本件通達の定める評価方法に従って、本件調達価額の100分の70に相当する価額XX,〇〇〇,〇〇〇円と評価したものである。

ニ　小括

　以上のとおり、本件更正処分における本件庭園設備の価額XX,〇〇〇,〇〇〇円は、本件通達に定める評価方法に従って評価されたものであるから、当該価額をもって本件庭園設備の適正な時価を上回るものではないと事実上推認することができる。したがって、本件庭園設備の価額は、その定める方法によるべきではない特別の事情がない限り、本件通達の定める方法によって評価するのが相当である。

ホ　請求人の主張について

　(イ)　請求人は、上記3の「請求人」欄の(1)及び(2)のとおり、交換価値がない庭園設備に評価通達は適用されないとの見解に立ち、本件庭園設備は個人宅の庭であり、その立地条件等からしても本件庭園設備を一体として売却できないため、交換価値がない旨主張する。

　　しかしながら、本件庭園設備に経済的価値があって、本件通達に定める「庭園設備」に該当することは、上記イに示したとおりである。

(ロ)　請求人は、上記3の「請求人」欄の(3)のとおり、本件庭園設備は、立木や庭
石、灯篭等を個別に売却するとしても買取り価額はX,○○○,○○○円と算
定され、また、入場料等を取れるようなものではなく使用価値もない旨主張す
る。

　　　しかしながら、本件庭園設備は、上記1の(3)のロの(ハ)のとおり、旧居宅敷地
からX,○○○,○○○円の費用を要して移転されたものであるから、庭石商
の店頭におけるように、立木や庭石、灯篭等を個別に売却することを前提に評
価することは相当ではない。また、本件調達価額が本件通達に定める調達価額
として相当と認められることについては、上記ロに示したとおりである。

(ハ)　以上のとおり、請求人の主張にはいずれも理由がなく、評価通達の定める方
法によるべきではない特別の事情に係るものとしても採用できない。

へ　まとめ

　　　以上のとおり、請求人の主張するところでは特別の事情を認めることができず、
当審判所の調査、審理したところにおいても当該事情を認めることはできない。

　　　したがって、本件庭園設備の本件相続税の課税価格に算入される価額は、本件通
達の定めによるべきであると認められる。

(4)　本件更正処分の適法性について

　　　上記(3)のとおり、本件庭園設備の価額は、本件通達の定める方法によって評価す
るのが相当であり、本件更正処分に本件庭園設備の価額を過大に評価した違法はな
い。これを基に請求人の課税価格及び納付すべき税額を計算すると、いずれも本件
更正処分の金額と同額となる。

　　　また、本件更正処分のその他の部分について、請求人は争わず、当審判所に提出
された証拠資料等によっても、これを不相当とする理由は認められない。

　　　したがって、本件更正処分は適法である。

(5)　本件賦課決定処分の適法性について

　　　上記(4)のとおり、本件更正処分は適法であり、また、本件更正処分により納付す
べき税額の計算の基礎となった事実が本件更正処分前の税額の計算の基礎とされて
いなかったことについて、国税通則法第65条《過少申告加算税》第4項第1号に規
定する正当な理由があるとは認められないから、同条第1項の規定に基づいてされ
た本件賦課決定処分は適法である。

(6) 結論

　　よって、審査請求は理由がないから、これを棄却することとする。

別表1　一時所得分（立木・移転経費）計算明細書（立木に係る内訳）（省略）

別表2　審査請求に至る経緯（省略）

別紙　調査報告書（要旨）（省略）

五　たばこ税法関係

〈令和5年1月～3月分〉

たばこ税法

事例 9 （たばこ税　郵便物の輸入に係るたばこ税）

　　外国において通関手続を経ることなく本邦に返送された郵便物は、輸出の許可を受
　けた製造たばこに係る郵便物の本邦への引取りであり、輸入に当たるとした事例（課
　税物品を内容とする郵便物の輸入に係るたばこ税及びたばこ特別税の賦課決定処分・
　棄却・令和 5 年 3 月17日裁決）

《ポイント》
　本事例は、外国において通関手続を経ることなく本邦に返送された本件の郵便物は、
外国に向けた発送手続において輸出を許可したものとみなされていることから、当該
郵便物の本邦への引取りは輸入に当たり、当該郵便物は製造たばこを内容としている
から、その交付を受けるためにはたばこ税等の納付等を要するものであると判断した
ものである。

《要旨》
　請求人は、請求人が本邦から発送して輸出した製造たばこを内容とする郵便物（本件
郵便物）は、外国において輸入のための通関手続を経ることなく、輸入が取りやめとな
って本邦に返送されてきたものであって、外国において通関していない以上、外国から
本邦に到着した貨物に当たらないから、本件郵便物の交付を受けることは「輸入」に当
たらず、その交付を受けるに当たり、製造たばこの輸入に係るたばこ税及びたばこ特別
税（たばこ税等）の納付等の必要はない旨主張する。
　しかしながら、関税法第 2 条《定義》第 1 号のとおり、「輸入」とは、外国から本邦
に到着した貨物又は輸出の許可を受けた貨物を本邦に引き取ることをいう旨規定されて
いる。そして、本件郵便物は、本邦からの輸出を許可された貨物とみなされるところ、
請求人が本件郵便物に係る製造たばこの交付を受けることは、輸出の許可を受けた製造
たばこを内容とする郵便物の本邦への引取りであり、「輸入」に当たる。
　よって、請求人が、本件郵便物に係る製造たばこの交付を受けるためには、たばこ税
等の納付等を要することとなる。

《参照条文等》

たばこ税法第4条第2項

一般会計における債務の承継等に伴い必要な財源の確保に係る特別措置に関する法律第5条第2項

輸入品に対する内国消費税の徴収等に関する法律第2条第1項

関税法第2条第1項

（令和 5 年 3 月17日裁決）

《裁決書（抄）》

1　事　実

(1)　事案の概要

　　本件は、審査請求人（以下「請求人」という。）を名宛人とする外国からの郵便物の内容が製造たばこであったことから、原処分庁から委任を受けた D 税関 E 外郵出張所長が、請求人に対し、輸入する製造たばこに係るたばこ税等の課税標準及び税額を通知したところ、請求人が、当該郵便物は本邦から外国に向けて発送した後に外国において輸入が取りやめとなって本邦に返送されてきたものであるから、当該郵便物の引取りは輸入に該当せず、請求人にたばこ税等の納税義務はないとして、原処分の全部の取消しを求めた事案である。

(2)　関係法令

　　関係法令は別紙のとおりである。なお、別紙で定義された略語については、以下、本文でも使用する。

(3)　基礎事実及び審査請求に至る経緯

　　当審判所の調査及び審理の結果によれば、次の事実が認められる。

　イ　請求人は、令和 4 年 1 月18日、宛先を中華人民共和国（以下「中国」という。）の F として製造たばこである加熱式たばこ合計〇箱を内容とする郵便物（以下「本件郵便物」という。）を日本国内から発送して輸出した。

　ロ　本件郵便物は、令和 4 年 1 月23日、中国に到着したが、同年 3 月25日、中国において輸入のための通関手続を経ることなく、その輸入が取りやめとなった。そのため、受取人への交付はされず、その差出人である請求人に還付されることとなり、そのまま請求人を名宛人として返送された。そして、同年 5 月18日、日本郵便の G 国際郵便局に到着した。

　ハ　G 国際郵便局は、令和 4 年 5 月19日、D 税関 E 外郵出張所長（以下「出張所長」という。）に対し、中国から返送された本件郵便物を提示した。

　　出張所長は、本件郵便物の検査を行い、その内容が製造たばこである加熱式たばこ合計〇箱であったことから、遅くとも令和 4 年 5 月23日までに、本件郵便物の名宛人である請求人に対し、同月19日付の国際郵便物課税通知書により、本件郵便物に係るたばこ税等の課税標準が製造たばこ〇本であり、納付すべきたばこ

税等の税額が〇〇〇〇円である旨を通知した（以下、当該通知を「本件課税通知」という。）。なお、関税並びに消費税及び地方消費税（以下、消費税と地方消費税を併せて「消費税等」という。）については免除されていた。

ニ　請求人は、令和4年5月23日、日本郵便のH郵便局に対し、本件課税通知に係るたばこ税等の税額に相当する金銭を交付し、当該たばこ税等の納付を委託した上、同郵便局から本件郵便物の交付を受けた。

ホ　請求人は、令和4年6月10日、本件課税通知に不服があるとして、輸徴法第7条第9項により賦課決定処分とみなされる本件課税通知の全部の取消しを求めて審査請求をした。

2　争　点

請求人が中国から返送された本件郵便物の交付を受けるためには、本件課税通知に係るたばこ税等の納付等を要するか否か。

3　争点についての主張

原処分庁	請求人
請求人が中国から返送された本件郵便物の交付を受けることは、製造たばこの輸入に当たるから、請求人が本件郵便物の交付を受けるためには、本件課税通知に係るたばこ税等の納付等を要する。	請求人が中国から返送された本件郵便物の交付を受けることは、製造たばこの輸入に当たらないから、請求人が本件郵便物の交付を受けるためには、本件課税通知に係るたばこ税等の納付等を要しない。
製造たばこを保税地域から引き取る者は、その引き取る製造たばこにつきたばこ税等を納める義務を負うところ（たばこ税法第4条第2項、たばこ特別税法第5条第2項）、課税物品である製造たばこを保税地域以外の場所から輸入する場合、その輸入は保税地域からの引取りとみなされる（輸徴法第5条第1項）。	輸入とは、外国から本邦に到着した貨物を本邦に引き取ることをいうところ、本件郵便物は、中国において輸入のための通関手続を経ることなく、輸入が取りやめとなって、本邦に返送されてきたものであり、中国において税関を通関していない以上、外国から本邦に到着した貨物に当たらない。したがって、中国から返送された本件郵便物の交付を受けることは、「輸入」に当たらない。
請求人は、中国から返送された本件郵便物をH郵便局において引き取ったのである	

から、製造たばこを輸入したといえ、その	そして、中国から返送された本件郵便物
引取りに当たり、その輸入に係るたばこ税	の交付を受けることが「輸入」に当たらな
等の納付等をしなければならない。	い以上、その交付を受けるに当たり、製造
	たばこの輸入に係るたばこ税等の納付等を
	する必要はない。

4 当審判所の判断

(1) 検討

イ　たばこ税等は、たばこ税法第4条第2項及びたばこ特別税法第5条第2項のとおり、保税地域から引き取られる製造たばこを対象として、製造たばこを保税地域から引き取る者に対して課されるものであるが、輸徴法第5条第1項の規定により、製造たばこを含む課税物品を保税地域以外の場所から輸入する場合、当該輸入が保税地域からの引取りとみなされる。また、関税法第2条第1項第1号及び輸徴法第2条第1号のとおり、「輸入」とは、外国から本邦に到着した貨物又は輸出の許可を受けた貨物を本邦に引き取ることをいう旨規定されている。そうすると、たばこ税等は、製造たばこを輸入する者、すなわち、外国から本邦に到着した製造たばこ又は輸出の許可を受けた製造たばこを本邦に引き取る者に課されるものといえる。

　そして、輸徴法第7条第3項及び第7項のとおり、製造たばこを内容とする郵便物を輸入する場合、当該郵便物の交付を受けようとする者は、税関長が当該郵便物の名宛人に書面で通知した税額に相当するたばこ税等を納付し、又はその納付を日本郵便に委託することを要する。

ロ　本件郵便物は、中国に向けた発送手続において、G国際郵便局によって出張所長に提示されたところ、出張所長は検査の必要がないものとして、当該郵便局にその旨を通知したことが認められる。よって、本件郵便物は、関税法第73条の2及び同法第76条の規定に基づき輸出を許可された貨物とみなされる。

　そうすると、請求人が本件郵便物の交付を受けることは、輸出の許可を受けた製造たばこを内容とする当該郵便物の本邦への引取りであり、「輸入」に当たる。

　したがって、請求人が、本件郵便物の交付を受けるためには、本件課税通知に係るたばこ税等の納付等を要することとなる。

なお、上記１の(3)のハのとおり、本件郵便物の輸入において、関税及び消費税
　等は免除されているが、たばこ税等については、同様の免除規定は法律上設けら
　れていない。

ハ　請求人は、上記３の「請求人」欄において、本件郵便物が中国の税関を通関す
　ることができず、輸入が取りやめとなり本邦に返送されてきたものであるから、
　輸入には当たらず、たばこ税等を納める義務はない旨主張する。

　　しかしながら、上記ロのとおり、請求人が本件郵便物の交付を受けることは
　「輸入」に当たることから、請求人の主張には理由がない。

ニ　請求人のその他の主張について

　(イ)　請求人は、中国の本件郵便物の受取人からたばこの代金及び送料を受領した
　　だけであり、輸出に係る利益を得ていない旨主張する。

　　　しかしながら、上記ロのとおり、請求人が本件郵便物の交付を受けるために
　　はたばこ税等の納付等を要するのであって、請求人が、本件郵便物の輸出に係
　　る利益を得ているか否かは上記判断を左右するものではない。したがって、請
　　求人の主張には理由がなく採用することはできない。

　(ロ)　請求人は、中国に向けて発送した製造たばこを内容とする郵便物について、
　　本件郵便物と同様に返送されてきたものの、たばこ税等を課されなかったもの
　　があり、本件課税通知は不公平である旨主張する。

　　　しかしながら、そもそも課税処分は、客観的な課税標準の存在を根拠として
　　されるものであることから、他の製造たばこの輸入に当たり、たばこ税等が課
　　されなかったものがあることをもって課税の公平に反するということはできず、
　　原処分庁がした本件課税通知が不公平で、違法となるものではない。したがっ
　　て、請求人の主張には理由がなく採用することはできない。

(2)　原処分の適法性について

　　上記(1)のロのとおり、請求人は、製造たばこを内容とする本件郵便物の交付を受
　けるためには本件課税通知に係るたばこ税等の納付等をしなければならず、当審判
　所において、本件郵便物の輸入に係るたばこ税等の課税標準及び納付すべきたばこ
　税等の税額を計算すると、本件課税通知の本数及び金額と同じとなる。

　　また、原処分のその他の部分について、請求人は争わず、当審判所に提出された
　証拠資料等によっても、これを不相当とする理由は認められない。

したがって、原処分は適法である。

(3) 結論

よって、審査請求は理由がないのでこれを棄却することとする。

別紙

関係法令

1 たばこ税法

(1) たばこ税法第3条《課税物件》は、製造たばこ（たばこ事業法第2条《定義》第
3号に規定する製造たばこ（葉たばこを原料の全部又は一部とし、喫煙用、かみ用
又はかぎ用に供し得る状態に製造されたものをいう。）をいう。以下同じ。）には、
この法律により、たばこ税を課する旨規定し、たばこ税法第2条《定義及び製造た
ばこの区分》第2項第1号ホは、製造たばこのうち、加熱式たばこを、喫煙用の製
造たばこに区分する旨規定している。

(2) たばこ税法第4条《納税義務者》第2項は、製造たばこを保税地域（関税法第29
条《保税地域の種類》に規定する保税地域をいう。以下同じ。）から引き取る者は、
たばこ税を納める義務がある旨規定している。

2 一般会計における債務の承継等に伴い必要な財源の確保に係る特別措置に関する
法律（以下「たばこ特別税法」という。）

(1) たばこ特別税法第4条《課税物件》は、製造たばこには、当分の間、たばこ特別
税を課する旨規定している。

(2) たばこ特別税法第5条《納税義務者》第2項は、製造たばこを保税地域から引き
取る者は、たばこ特別税を納める義務がある旨規定している。

3 関税法

(1) 関税法第2条《定義》第1項は、要旨、次のとおり規定している。

イ 輸入とは、外国から本邦に到着した貨物又は輸出の許可を受けた貨物を本邦に
（保税地域を経由するものについては、保税地域を経て本邦に）引き取ることを
いう（第1号）。

ロ 輸出とは、内国貨物を外国に向けて送り出すことをいう（第2号）。

(2) 関税法第73条の2《輸出を許可された貨物とみなすもの》は、同法第76条《郵便
物の輸出入の簡易手続》第5項の規定により通知された郵便物（輸出されるものに
限る。）は、この法律の適用については、輸出を許可された貨物とみなす旨規定し
ている。

(3) 関税法第76条は、要旨、次のとおり規定している。

　　イ　税関長は、輸出され、又は輸入される郵便物中にある信書以外の物について、政令で定めるところにより、税関職員に必要な検査をさせるものとする（第1項ただし書）。

　　ロ　日本郵便株式会社（以下「日本郵便」という。）は、輸出され、又は輸入される郵便物（信書のみを内容とするものを除く。）を受け取ったときは、当該郵便物を税関長に提示しなければならない（第3項）。

　　ハ　税関長は、上記イの検査が終了したとき又は当該検査の必要がないと認めるときは、日本郵便にその旨を通知しなければならない（第5項）。

4　関税定率法

　　関税定率法第14条《無条件免税》柱書及び同条第10号は、輸入される貨物について、本邦から輸出された貨物でその輸出の許可の際の性質及び形状が変わっていないものは、その関税を免除する旨規定している。

5　輸入品に対する内国消費税の徴収等に関する法律（以下「輸徴法」という。）

(1)　輸徴法第2条《定義》第1号は、内国消費税として、たばこ税を掲げ、同条第2号は、課税物品として、上記1の(1)に規定する製造たばこを掲げ、同条第7号は、輸入とは、上記3の(1)のイに定める輸入をいう旨規定している。なお、たばこ特別税法第20条《たばこ特別税に係るたばこ税法の適用の特例等》は、輸徴法の適用について、同法第2条第1号の規定中の「たばこ税」の字句は、「たばこ税、たばこ特別税」の字句とする旨規定している。

(2)　輸徴法第5条《保税地域からの引取り等とみなす場合》第1項は、上記1の(1)に規定する製造たばこを保税地域以外の場所から輸入する場合には、その輸入を保税地域からの引取りとみなして、たばこ税法及びたばこ特別税法並びに輸徴法の規定を適用する旨規定している。

(3)　輸徴法第7条《郵便物の内国消費税の納付等》は、要旨、次のとおり規定している。

　　イ　課税物品を内容とする郵便物（関税法第6条の2《税額の確定の方式》第1項第2号ロに規定する郵便物に限る。）を輸入する場合には、保税地域からの引取りに係る課税標準の申告書に関するたばこ税法及びたばこ特別税法の規定は、適用せず、この場合においては、税関長は、当該郵便物に係るたばこ税及びたばこ

特別税（以下、たばこ税及びたばこ特別税を併せて「たばこ税等」という。）の課税標準及び税額を書面で日本郵便を経て当該郵便物の名宛人に通知しなければならない（第1項）。

ロ　日本郵便は、上記イの郵便物を交付する前に、上記イの書面を名宛人に送達しなければならない（第2項）。

ハ　上記ロの郵便物を受け取ろうとする者は、当該郵便物を受け取る時までに、上記ロの書面に記載された税額に相当するたばこ税等を納付し、又はそのたばこ税等の納付を後記ニの規定により日本郵便に委託しなければならない（第3項）。

ニ　上記ロの郵便物（関税定率法その他の法律の規定により関税を免除され、又は無税とされる郵便物に限る。）に係るたばこ税等を納付しようとする者は、上記イの書面に記載された税額に相当する金銭に納付書を添えて、これを日本郵便に交付し、その納付を委託することができる（第7項）。

ホ　上記イの郵便物の名宛人が上記ニの規定により当該郵便物に係るたばこ税等に相当する額の金銭を日本郵便に交付した場合には、当該郵便物に係る上記イの書面は、国税通則法第32条《賦課決定》の賦課決定通知書とみなす（第9項）。

(4)　輸徴法第13条《免税等》第1項柱書及び同項第1号は、上記4に規定する貨物で上記4の規定により関税が免除されるものを保税地域から引き取る場合には、その引取りに係る消費税を免除する旨規定している。

　大蔵財務協会は、財務・税務行政の改良、発達およびこれらに関する知識の啓蒙普及を目的とする公益法人として、昭和十一年に発足しました。爾来、ひろく読者の皆様からのご支持をいただいて、出版事業の充実に努めてきたところであります。

　今日、国の財政や税務行政は、私たちの日々のくらしと密接に関連しており、そのため多種多様な施策の情報をできる限り速く、広く、正確にかつ分かり易く国民の皆様にお伝えすることの必要性、重要性はますます大きくなっております。

　このような状況のもとで、当協会は現在、「税のしるべ」（週刊）、「国税速報」（週刊）の定期刊行物をはじめ、各種書籍の刊行を通じて、財政や税務行政についての情報の伝達と知識の普及につとめております。また、日本の将来を担う児童・生徒を対象とした租税教育活動にも、力を注いでいるところであります。

　今後とも、国民・納税者の方々のニーズを的確に把握し、より質の高い情報を提供するとともに、各種の活動を通じてその使命を果たしてまいりたいと考えておりますので、ご叱正・ご指導を賜りますよう、宜しくお願い申し上げます。

一般財団法人　大蔵財務協会
理事長　木　村　幸　俊

裁決事例集（第130集）

令和 5 年11月15日　初版印刷
令和 5 年11月30日　初版発行

不　許
複　製

（一財）大蔵財務協会　理事長
発行者　木　村　幸　俊

発行所　　一般財団法人　大　蔵　財　務　協　会
〔郵便番号　130-8585〕
東京都墨田区東駒形 1 丁目14番 1 号
（販　売　部）TEL 03（3829）4141・FAX 03（3829）4001
（出版編集部）TEL 03（3829）4142・FAX 03（3829）4005
URL　http://www.zaikyo.or.jp

本書は、国税不服審判所ホームページ掲載の『裁決事例集No. 130』より転載・編集したものです。

落丁・乱丁は、お取替えいたします。　　　　　印刷　㈱恵友社
ISBN978-4-7547-3179-3